JN065135

Step by Step
Critical Thinking

using the Toulmin Model

図解で学ぶ
クリティカル・シンキング

巻末付録
英語教材
付き

トゥールミン・モデルを活かして

椎名紀久子
後藤希望　森川セーラ
南塚信吾

αβ ALPHABETA ブックス
Books アルファベータ

<h1>＜目次＞</h1>

第二部　クリティカル・シンキングを実践しよう

【巻末付録】Critical Thinking using the Toulmin Model

はじめに

クリティカル・シンキングとは

　本書では、「クリティカル・シンキング(critical thinking)」とはどのような考え方なのか、いつ、どのように活用すれば良いのかについて、解説とともに具体例やドリルを交えてわかり易く説明しています。日本では、「クリティカル・シンキング」は「批判的思考」と訳されることもあります。「批判」というと、他人の揚げ足を取ったり、相手を誹謗中傷したりすることかのように誤解されがちですが、「クリティカル・シンキング」はそういう考え方ではありません。「クリティカル・シンキング」とは、「他人」だけでなく「自分自身」にも目を向け、自分以外の人達の多様な意見や考え方に耳を傾けながら、自分や他人の考えていることを精査することで、自らの考えの論理性を高めていく思考方法なのです。

　そしてもうひとつ。クリティカル・シンキングは否定的な後ろ向きの考え方ではありません。むしろ極めて前向きな考え方なのです。クリティカル・シンキングができると、自分や他人が本当に言いたいことは何か、なぜそう思うのか、自分以外の人達は自分や他人の考えにどう反応するだろうか、などについても考えられるようになるので、偏りのない視点に立って問題を解決していくための糸口が見えてくるのです。つまり、クリティカル・シンキングは、問題解決力や創造力の出発点ともなる前向きな考え方なのです。

クリティカル・シンキングの教育と現状

　欧米では、クリティカル・シンキングはナーサリースクールや小学校の段階からごく自然なかたちで教育のなかに生かされ、さまざまな教科の教育に組み込まれています。なぜなら、クリティカル・シンキングは社会で自立して生きていくためにはなくてはならない力で、それを体得させていくことこ

そが人間教育の基礎基本であると考えられているからです。例えばドイツでは、日本の大学入試のような試験制度はありません。代わりに、高校生の時に「アビトゥーア」と呼ばれる卒業資格試験を課して、大学などで学べるだけの思考力や学力が備わっているかどうかを調べるのです。なかでもクリティカル・シンキングは、大学入学までに備わっていなければ、大学で学ぶ資格はない、何を学ぼうにも学び取ることはできない、とまで考えられている重要な思考力なのです。

　一方日本では、クリティカル・シンキングはビジネスなどの実務社会で必要な技術と考えられることが多く、ごく最近まで日本の教育の現場ではほとんど注目されることはありませんでした。学校では、教科書の内容や授業で習ったことをできるだけ正確にたくさん暗記して、知識量を増やすことが学習の最大の目的とされてきました。しかし、2017年3月に改訂された「学習指導要領」では、「未知の状況にも対応できる」ような「思考力・判断力・表現力」の育成が、ようやく教育上の重要な柱のひとつになりました。2021年1月に実施された第一回大学入学共通テストでは、センター試験と比較して知識や解法の暗記のみで解答できる問題が減少し、思考力や判断力を発揮して解くような、理解の質を問う問題がより重視されるようになり、2022年度はさらにその傾向が強くなっています。

今なぜクリティカル・シンキングなのか？

　では、今なぜクリティカル・シンキングが必要なのでしょうか。理由はいろいろありますが、その一つは、社会の多様化、価値の多様化、そしてグローバリゼーションの進行にあります。近年の政治・経済・社会生活・日常生活における急速なグローバル化の中で、多様な価値観や文化を持つ人々と接触する機会が増えました。国や民族による違い、地域や宗教による違い、階層や階級による違い、世代による違い、ジェンダーによる違いなどからくる多様な意見や考え方が、私たちの周りにあふれています。そのため、このように多様な視点があるということを念頭に置いて他人の意見を理解し、自

分の考えを相対化・客観化して検討し、自らの考えを論理的に表現することが求められています。そこで必須となる思考力がクリティカル・シンキングなのです。

　クリティカル・シンキングが必要なもうひとつの背景には、情報化にともなう、「ポスト真実」や「フェイク・ニュース」の氾濫があります。今やラジオやテレビ以外にインターネットを通じて膨大な情報が一瞬にして得られる時代となり、情報収集ではなく、「いかに賢く情報を捨てていくか」が求められています。溢れる情報の中から、クリティカル・シンキングを使って、情報がフェイクなのか、それとも論拠や根拠のある確かな情報なのかを見極めたうえで、自らの考えを論理立てて整理し、行動に移すことが求められています。

　近年では、これまでに遭遇したことのない未曽有の自然災害が発生し、私たちは、「自ら考えて判断し、自分の命は自分で守る行動をとるように」と促されています。新型コロナウイルスの世界的大流行（パンデミック）にあっては、「情報は不安になるためではなく、賢く怖れるために得るもの」などと言われています。クリティカル・シンキングの養成は喫緊の課題なのです。

クリティカル・シンキングの題材

　近年、クリティカル・シンキングについては、専門的な研究書のほかに、ビジネスマン向けの実用書が多数出版され、ビジネスで直面しそうな場面を想定して解説されています。しかし本書は、高校生や大学に入学して間もない学生、さらには一般の社会人を対象にして、クリティカル・シンキングを日常生活の基本的な思考の場で生かすことを目的にして書かれています。そのような教養的な入門書であることから、日常生活、学校生活、大学の授業、職場などの場面を想定し、扱うトピック（題材）を日常生活から政治や歴史に至るまで広く求め、文章だけでなく、画像もクリティカルに精査する対象に含めました。

クリティカル・シンキングの鍛え方

　他人や自分の考えを、クリティカル・シンキングを使って、ステップを踏んで精査していくと、その主張や議論が論理的かどうかを確認することができます。本書では、その過程を系統立てて学べるように、「トゥールミン・モデル」を活用しています。これは Stephen E. Toulmin が *The Uses of Argument*（1958、1963、2003）で紹介しているモデルで、論理的な議論や意見表明には「根拠・論拠・裏付け・反駁・限定・主張」が必須の要素であるとして、それらを系統的に統合（システム化）してモデル化しています。その意味で、トゥールミン・モデルは、クリティカル・シンキングを鍛えるうえで、実にコンパクトな構成になっているのです。

本書の構成

　第一部では、クリティカル・シンキングについての基本的な説明をしました。論理的な議論にはクリティカル・シンキングが必須であること、それにはトゥールミン・モデルが有効であることを解説しました。第二部では、トゥールミン・モデルを使って、読者の皆さんに実際に考えていただくための実践的な練習問題を設けました。第一部でも第二部でも、設問に対して解答例を付けましたが、クリティカル・シンキングにおいては、ひとつの確定した正解というものはありません。解答はあくまでも一例として捉えてください。

　本書の最後には、英語でトゥールミン・モデルを理解し、英語でクリティカル・シンキングの練習ができるように、英語の解説と演習問題を巻末付録として付けました。付録というかたちを取りましたが、社会問題や環境問題に関するグローバルでホットな話題が満載です。ビジネスの世界だけでなく日常生活においてもグローバル化が進み、英語を読み、英語を聴いて、英語で考え、英語で即座に発信していかなければならない状況が迫っています。英語を母語としない読者の皆さんが、まずは日本語でクリティカル・シンキン

グの基礎をしっかりと学び、最終的には英語でクリティカルに考え、英語で
自分の考えを論理的に発信できるようにと心から願っています。

　それでは読者の皆さん、大船に乗った気持ちでクリティカル・シンキング
を鍛える旅に出発しましょう。

椎名紀久子

第一部

クリティカル・シンキングの基本を知ろう！

今なぜクリティカル・シンキングなのか
——「ポスト真実」に対抗して

第1章

ポスト真実

　オックスフォード英語辞典の「2016年のことば」に、「ポスト真実(post-truth)」という言葉が選ばれました。それは「客観的な事実よりも、感情や個人的信条に訴えることのほうが、世論の形成に強い影響を及ぼす状況(circumstances in which objective facts are less influential in shaping public opinion than appeals to emotion and personal belief)」を意味しています。[1]

　これはどういう状況なのでしょうか。実は、私たちは「事実(fact)」や「真実(truth)」ではない「半分だけの真実」や「真実ではないもの」に取り囲まれて生きているのです。話し手や書き手が自分にとって有利になるようにと、説得力ある口調や書き方で、「嘘」と「真実」とを区別できない人々の心に、いかにも真実であるかのように、個人的な心情を感情的に訴えかけ、やがてそれが世間一般の人々の意見(世論)や公平で偏らない議論(正論)であるかのように既成事実化(公論の形成)していくのです。つまり私たちは、ポスト真実によって、説得され、操作され、欺瞞されてしまうのです。

　こういう「ポスト真実」という言葉が広がった現在の状況について、私たちはどう考えたら良いのでしょうか。

ポスト真実の政治

　このようなポスト真実がまかり通る社会においては、「ポスト真実の政治(post-truth politics)」が展開されがちなのです。最も初期の例の一つがアメリ

　1　https://languages.oup.com/word-of-the-year/2016/

カ合衆国のブッシュ大統領(当時)の発言です。2003年にアメリカ合衆国がイラク戦争を始めたのは、ときのブッシュ大統領が、イラクに「大量破壊兵器」がないにもかかわらず、それを「ある」として、イラクへの攻撃を開始したのです。しかし「ポスト真実の政治」がとくに注目されたのは、2016年のイギリスのEU離脱をめぐる国民投票に際しての離脱派の発言や、アメリカのトランプ大統領候補(当時)のもろもろの発言からでした。

「ポスト真実」という言葉が頻繁に使われるようになったのは、この2016年からのようです。オックスフォード英語辞典が提供する次のグラフがそれを示しています。これは「ポスト真実」という言葉が使われた頻度を示したグラフです。2016年6月から急に頻度が上がっていることがわかります。

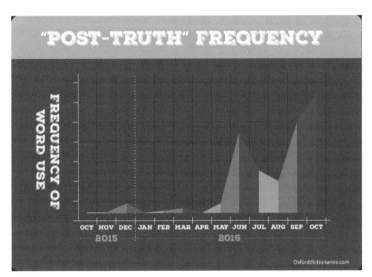

出典：https://languages.oup.com/word-of-the-year/2016/

　2016年6月のイギリスの国民投票では、EUからのイギリスの離脱を主張する派は、例えば、イギリスがEUに支払っている負担金が3億ポンドにもなり、イギリスには利益はないと言って、国民に離脱支持を訴えました。しかし、実際にはEUからの支援金があるので、実質の負担は1億ポンドほどでしかなかったのです。このことは国民投票後に離脱派は誤りであったと認

めたのでした[2]。この時から、事実ではなくても強く主張すれば事実のように人々に受け取られるという風潮が広がり、それが「ポスト真実」の政治として使われていくことになりました。

　一方アメリカのトランプ氏は2017年1月の大統領就任式のあと、今回の就任式は大成功で、前のオバマ大統領のときよりも人々が多く集まり、「群衆は連邦議会議事堂前からワシントン記念碑までずっと続いていた」と主張しました。しかし、現場の写真は明らかにこれが事実ではないことを示しています。

左がトランプ大統領就任式の時の広場、右がオバマ大統領の時
出典：https://www.bbc.com/japanese/38709628

　さらにトランプ氏は2017年2月の記者会見で、大統領選挙の時、「（1980年代の）レーガン（元大統領）以来、選挙人の数で最大の勝利だったと思う」と述べましたが、時事ドットコムは「これは明らかな間違いで、トランプ氏に投票した選挙人は304人だったが、2012年の大統領選でオバマ氏は選挙人332人を獲得している」と報道しています[3]。

2　https://mainichi.jp/articles/20160627/k00/00e/030/145000c

3　https://www.bbc.com/japanese/38709628

　このあたりから、「ポスト真実」の政治が広がり始めたと言ってもいいでしょう。

フェイク・ニュースはつくられる

　このような「ポスト真実の政治」に代表されるような「ポスト真実」という考え方が広がると、いとも簡単に「フェイク・ニュース(fake news)」(偽ニュース)が作られてしまいます。あるいは、「フェイク・ニュース」が積み上げられていくと、「ポスト真実」という考えが広がっていくと言ってもいいでしょう。

　「フェイク・ニュース」は、以前ならば、すべて「嘘」「偽物」ということで片付けられていたはずですが、最近では、すっかり市民権を得たかたちになっています。前にも述べましたが、私たちは「事実(fact)」や「真実(truth)」ではない「半分だけの真実」や「真実ではないもの」に取り囲まれて生きているのです。

写真もフェイクされる

　私たちが簡単に「真実」だと信じてしまいがちな画像も、実は、容易に操作されうるのです。ここでは写真を例にとってみましょう。

　次の写真は、ロシア革命後の1920年5月に、レーニンが壇上で演説しているところです。上の写真では、演説するレーニンの、向かって右下に、帽子をかぶったトロツキー[4]らがいますが、下の写真では、トロツキーらは消し去られています。後のスターリンの政権下で、トロツキーらの政治的役割を抹殺するために消し去られたのです。これは写真の中に存在していたものの一部を消してしまう例です。

4　トロツキーはロシア革命期、レーニンの副官として外務人民委員や軍事人民委員を務めた。スターリンからすればライバルであった。

出典：Jaubert, Alain. *Le Commissariat aux archives: Les photos qui falsifient l'histoire,* Barrault Bernard, 1986, P30

　次の写真は「転用」です。これは第二次世界大戦中にドイツが作ったポスターで、チャーチルへの批判をあおるために作られました。「狙撃兵」としてのチャーチルをアピールしています。

出典：Jaubert, Alain. *Le Commissariat aux archives: Les photos qui falsifient l'histoire,* Barrault Bernard, 1986, P73

　しかしこのポスターは、チャーチルが前線で銃の使い方についてイギリス兵から説明を受けていた時の下記の写真から、一部を転用して加工したものです。戦争中にはあらゆる宣伝がなされ、写真も「悪用」されたのです。

出典：Jaubert, Alain. *Le Commissariat aux archives: Les photos qui falsifient l'histoire,* Barrault Bernard, 1986, P73

　このように、写真でも一部に加工がなされ、フェイクされるのです。のちに触れますが、写真以外でも、映像は容易にフェイクされうるのです。

疑ってみる

　このような「ポスト真実」「フェイク・ニュース」という問題が今後どのように展開していくのかはわかりませんが、ともかく私たちは、政治、経済、社会、文化などさまざまな場面におけるいろいろな発言やイメージを、「まずは疑ってみる」必要があるのです。

　ある著名な脚本家は、最近の日本人についてこう述べています。

　　私は戦前、中国・奉天市で生まれ、命からがら日本に引き揚げてきました。そのとき、国家も軍隊もいざというときに国民を絶対に守ってく

れないと、実感しました。何事にも、うたぐり深くなったのはその影響です。今の日本人は、うたぐるということに、無力感を持っているのではないかと思います。うたぐるということは、考えることです。「どうせ政治家なんてそんなもの」として考えない。それは間違っています[5]。

　私たちは、公的権力のある人が発する言説や、社会的権力のあるメディアなどが発するメッセージを、そのまま「疑うことなく」受け入れてしまう傾向があります。その最たる例が戦前の過ちです。太平洋戦争開戦の理由を大半の人が疑わなかったために、取り返しのつかない結果となりました。

　今日では、「社会に広がっている情報・ニュースや言説が事実に基づいているかどうかを調べ、そのプロセスを記事化して、正確な情報を人々と共有する営み」としてファクトチェックをする組織もできています。2017年にできたファクトチェック・イニシアティヴ(FIJ)というNPO組織は「公開された言説のうち、客観的に検証可能な事実について言及した事項に限定して真実性・正確性を検証し、その結果を発表する営み」を展開しています[6]。

　現代社会では、人間の思考とそのための情報が、人間自身によって容易に操作できるようになり、相手が「何」を「どのように」思考しているかについて批判的に考えるだけでなく、自分自身の思考についても批判的に吟味し、先入観を持って理解していないか、自分の都合の良いように解釈していないか、権力者に「操作」された思考をしていないか、などを内省することが常に求められています。広告のメッセージだけでなく、時には政治家の発言など、現代社会で発せられるメッセージの多くは、私たちの心理を巧みに分析して、私たちを彼らの望むような方向に誘導しようと操作して発信されていることもあるのです。与えられた情報を鵜呑みにせず、まずは疑ってみるという姿勢が大切です。

5　ジェームズ三木「うたぐることあきらめないで」『朝日新聞』2014年12月17日

6　https://fij.info/about；https://fij.info/introduction/basic

だからクリティカル・シンキング

　このように「まずは疑って考える」ための重要な方法の一つが、クリティカル・シンキングなのです。逆に言えば、私たちには、相手や自分の思考をさまざまな角度から客観的に吟味しながら考えるといったクリティカル・シンキングが求められています。クリティカル・シンキングの出発点は何事もすぐに真に受けずに「疑ってみる」「疑問を持つ」というところにあります。

　さらに「クリティカル・シンキング」とは、「自分自身」にも目を向け、自分以外の人達の多様な意見や考え方に耳を傾けつつ、「自分の考えていること」を論理的に整理するための思考方法でもあります。ここでいう「多様な意見や考え方」というのは、国や民族による違い、地域による違い、階層や階級による違い、世代による違い、ジェンダーによる違いなどの多様な視点です。そういう多様な視点から他人の意見を理解し、それらと自分の考えとを相対化し、客観化して検討しなければなりません。まずは、他者や自分の意見が偏っていないか、「疑問」を持つことが出発点となります。

クリティカル・シンキングの教育

　アメリカ合衆国では、すでに1960年代からクリティカル・シンキングの重要性が指摘され、1980年にはクリティカル・シンキングと教育改革を考える会議がスタートして、クリティカル・シンキング・コミュニティといった団体も作られました。1985年11月19日の New York Times は、教育欄に「クリティカル・シンキング」というタイトルの記事を載せ、最近の教育のカリキュラムにクリティカル・シンキングという科目が加わってきたとし、それが教育の場でも社会の場でも重要であり、このカリキュラムをどう実現していくかを考えなければならないと論じています。[7]

7　https://www.nytimes.com/1985/11/19/science/about-education-critical-thinking.html

出典：https://www.nytimes.com/1985/11/19/science/about-education-critical-thinking.html

しかし、クリティカル・シンキングが広く議論されるようになったのは、1990年代になってからで、2000年代に入ると急速に多くの学校や大学でクリティカル・シンキングの授業が設けられるようになりました。

ヨーロッパでも、「クリティカル・シンキングは育成すべき思考力」であるとして、多様な教科の中に自然なかたちで含められています。例えばイギリスの公立学校が緩やかに採用しているナショナル・カリキュラムには、キー・スキルとして「思考スキル（thinking skills）」が指定され、「推論スキル」「探求スキル」「創造的思考スキル」等が含まれています。先にも述べたように、ドイツでは、大学入学前に受ける卒業資格試験「アビトゥーア」では、クリティカル・シンキングは課題発見や問題解決につながる重要な基礎的思考力としてチェックされるのです。アジア圏では香港大学が授業でクリティカル・シンキング力の鍛錬を目的とする講義を行っていたので、2012年に参観しましたが、教師が矢つぎばやに質問を投げかけて、学生に考えさせる授業を展開していました。香港という土地柄とはいえ注目すべきことと思いましたが、ごく最近ではこの科目がどのような状況に置かれているのか気になるところです。

　日本では、2000年代に入って、道田他により、教育心理学の立場からクリティカル・シンキングが紹介されるようになりました。その後、鈴木他（2006）や楠見他（2011）などによって、教育現場にクリティカル・シンキングを導入する必要性が論じられ、授業実践の報告が増えています。しかし、残

念ながら、ジェネリックスキル[8]のひとつとしてクリティカル・シンキング
を捉え、日常生活・異文化・教養レベルのアカデミックな内容を題材にし
て、実例を示しながら具体的な指導法を体系立てて提案している教材は少な
いようです。本書はそのような現状を踏まえて執筆されています。

　福島第一原発の処理済み汚染水の処分問題、また、現在の新型コロナウイ
ルスによるパンデミックへの対応、ロシアのウクライナ侵攻への対応など、
さまざまな課題が山積しているなか、クリティカル・シンキングを使って、
誤った情報を鵜呑みにせずに、創造力も発揮して問題解決を図っていくため
にも、クリティカル・シンキングを養成する教育が是非とも必要になってき
ています。

第1章　今なぜクリティカル・シンキングなのか──「ポスト真実」に対抗して

8　ジェネリックスキル（汎用的スキル）：「さまざまな学問領域、市民生活、職業におい
　て適用できる技能、転移可能な技能」（楠見、2012）。

ドリル

次の文章と写真のどこにあなたは疑問を持ちますか

トピック　日本学術会議問題

　2020年10月、日本学術会議が推薦した105人の会員候補のうち、6人を首相が任命しないという問題が起きました。これは6年任期の会員の半数が改選される際の手続きで、会員は学術会議の中で選ばれた候補者が、最終的に首相に任命されるというかたちになっています。「任命」といっても、それは形式的な手続きであると、これまで政府も認めてきていたものでした。

　この問題についての議論のさなか、あるテレビの解説者は次のように発言しました。

> 「この人たち（学術会議の会員のこと）6年、ここで働いたら、その後、学士院というところに行って、年間250万円年金もらえるんですよ。死ぬまで。みなさんの税金から。そういうルールになってるんです。[9]」

> **Q** 発言についてあなたはどういう疑問を持ちますか。日本学術会議と日本学士院について知らなくても、何か疑問が生まれてきませんか。

9　https://mainichi.jp/articles/20201010/ddm/041/010/113000c

ヒント

> ・一人あたり年間250万円もの年金を死ぬまでずっと出したら、その総額はどうなるでしょう。
> ・日本学術会議の会員は無条件で日本学士院の会員になれるのでしょうか。

解答欄

疑問の例

・6年後に105人の人が日本学士院に入って、各自が死ぬまで年間250万円を年金としてもらうとしたら、総額は大変な金額になるはずだ。その前に、今から3年後に任期が終わる会員もいるわけだから、巨額な金額になるのではないか。

・日本学術会議の会員がそのまま日本学士院の会員になるというが、日本学士院の人選はどうなっているのだろうか。そんなに受け身のはずがない。日本学士院には独自の人選方法があるはずだ。

解説

　日本学術会議や学士院について詳しく知らない人でも、少し調べてみると、日本学術会議と学士院はまったく別々の組織で、人選の仕方も違っていることがわかります。日本学術会議は各種学会の中から現役の学者を推薦制で選びますが、名誉職的な日本学士院の会員（定員150人）は各大学などの学術機関と学会などからの推薦で選ばれるのです。

トピック　　グラント将軍

　下の写真は、アメリカの南北戦争の終了直後に、シティ・ポイントで、勝
利した北軍のグラント将軍を撮ったものとして知られています。ヴァージニ
ア州のホープウェルにあるシティ・ポイントは、南北戦争中のピーターズ
バーグでの戦い(1864～65年)の際に、北軍のグラント将軍が作戦本部を置い
たところです。

出典：https://www.loc.gov/pictures/resource/ppmsca.15886/

Q この写真には、どこかおかしいところがあります。不自然なところを探してみましょう。

ヒント

・勝利したあとの写真ですがグラント将軍の表情はどうでしょうか。
・右隅の兵士の様子はどうでしょうか。
・左に座っている3、4人の兵士の様子はどうでしょうか。

解答欄

疑問の例

・グラント将軍の表情を見ると、北軍が勝利したあとだから、嬉しそうな顔をしているはずだが、そうは見えない。
・右隅の兵士や左に座っている3、4人の兵士は将軍のそばにいたのだから、きっと大きな敬意と共感を持って将軍の方を見るはずだが、かれらは、将軍に背を向けていて、よそよそしいではないか。

実は、この写真は下の三つの写真を合成したものなのです。

出典：http://karapaia.com/archives/52274385.html
　　　https://www.npr.org/sections/npr-history-dept/2015/10/27/452089384/a-very-weird-
　　　photo-of-ulysses-s-grant

　左上は、1864年、フィッシャーズ・ヒルで捕まった捕虜の写真。左下は、
A.M.マコック少将の馬上写真。右が、同年6月のコールド・ハーバーにお
けるグラント将軍。最初の写真は、実はグラント将軍のこの顔を、マコック
少将の顔と取り換えて、捕虜の写真の中に馬を置いたのです。南北戦争での
グラント将軍の功績をたたえるために偽造されたのです。

第2章 クリティカル・シンキングとは

1. クリティカル・シンキングをする人・しない人

　クリティカル・シンキングの意味を、もう少し具体的に明らかにするために、クリティカル・シンキングを使わない思考の例を検討しておきましょう。アメリカのクリティカル・シンキング教育のリーダー的存在で、教育心理学の研究者であるリンダ・エルダー(Linda Elder)とリチャード・ポール(Richard Paul)は、「クリティカル・シンキングを使わない思考の例」として、「ナイーヴな思考」と「自己中心的な思考」(Elder and Paul, 2009)があるとしています。

　まず、彼女らは、「ナイーヴな思考」をする人の「声」として、次のような三つの例(筆者訳)を挙げています。

≪例1≫

　　私は考える必要などないのです。考えないでもすべてのことを理解できるのですから。ただ頭に思いついたことをするだけです。耳にしたことのほとんどを信じます。テレビで見ることや、インターネットで見ることは、ほとんど信じます。テレビのショーやインターネットで得たメッセージに疑問を持つ理由などないからです。それに、そうすることが私たちにそんなに悪い影響を与えるとも思いませんしね。

　これは、「考えないで、与えられた情報をそのまま受け入れていれば良い」、という人です。

≪例2≫
　事を解明しようとして私は時間を浪費する必要はないのです。もしな
にか問題があってその答えを探さなければならなくなったら、だれかほ
かの人に聞けばいいだけのことですから。他の人の方が私よりうまく事
をはっきりさせてくれるのですから、私が自分で解明しようとしなく
ても良いのです。いろいろやるよりも、「私はできません」と言う方が
ずっと簡単ですから。何度も事をはっきりさせようとすると大変な時間
をとるのです。それにとても私の手には負えないこともあるのですか
ら、わざわざ自分でしなくてもいいんです。

これは、「他力本願で、自分で考える時間が惜しい」、という人です。

≪例3≫
　私はなんであれ、大体のところみんながやっているのと同じようにし
ています。その方が楽ですから。言われたとおりのことをして、口をは
さまず、なんでも友達たちが決めたことをするようにしています。波風
を立てるのがいやなのです。いろいろ考えると問題が起こりますから。

これは、「人と同じことをしていれば無難だ」、という人です。

　以上は、リンダ・エルダーが、「ナイーヴな思考」の例として挙げたもの
です。私たち自身にも思い当たるふしがありませんか。

　さらに、リンダ・エルダーは、「クリティカル・シンキング」をするにも
かかわらず「自己中心的な思考」に陥っている人の例として、次のような
「声」を挙げています。

　私はいろいろと頭を使うのです。そうすると自分の欲しいものを手に
入れられるようになるからです。私は、欲しいものを手に入れられさえ

すれば、自分の信じたいものを信じることにしています。自分のしたくないことをしろと言う人の言うことは疑ってかかります。どうしたら人を自分の思い通りにさせられるかについて私は頭を使うようにしています。私はわざと無視する(あえて考えないようにする)こともあります。

　批判的な思考をする人でも、自己中心的な人というのは、自分の行動が他人にどういう影響を与えるかを考えないで、自分の欲しいものを手に入れるために自分の思考を活用するのです。そういう人は、たしかに、考えることは得意で、考えることの大切さはわかっているのですが、自分に都合の良いようにことを運ぶために頭を使う自己中心的な思考をするのです。
　私たちも、気づかぬうちに自己中心的に頭を使っていることがあるのではないでしょうか。

　これに対して、リンダ・エルダーは、「公正(fair)」な「クリティカル・シンキング」をする人は、たとえば、次のように考える人だと言っています。

　　私はいろいろとよく考える方です。考えると物事の理解が進むからです。他の人が考えていることについても理解したいと思うし、事実、自分が何を考えているのか、なぜそう考えるのかについてもわかりたいと思っています。...多くの人は「言うこと」と「すること」が違います。他人の言うことはいつも信じられるとは限りません。テレビやインターネットで見たことの多くは信じられません。人は何か得たい物事があったり、あなたを喜ばせたいと思ったりするので、本当のことは言わないのです。...他の人を理解するには、他の人が見るのと同じようにして物事を見てみる必要があります。相手の立場を理解し、もし自分がその人だったらどう感じるだろうかと考えてみるのです。

　そしてリンダ・エルダーはこう言います。「たしかに、公正であることは容易なことではありません。自己中心的であったり、自分自身のことしか考

27

えなかったりする方がずっと簡単です。でも、人々が自己中心的であったら、世界は居心地のいい場所ではなくなるでしょう」と。

　クリティカル・シンキングをする人とそうでない人との違いが少しわかったような気がしますね。

2. クリティカル・シンキングの定義

　クリティカル・シンキングは日常生活でも必要な思考力であるということが何となくわかってきたかと思います。そこで、ここであらためてクリティカル・シンキングの定義について確認しておきましょう。

　「はじめに」でも述べましたが、本書では、クリティカル・シンキングとは、自分以外の人達の多様な意見や考え方に耳を傾けながら、自分や他人の考えていることを精査することで、議論や主張の論理性を高めていく思考方法と定義しました。もう少し具体的に言うと、クリティカル・シンキングは、公正な議論や意見表明の論理性を高めるための思考力で、多様な考え方をする他者の意見に耳を傾け、議論や自分と他者の主張の根拠・論拠・裏付け・反駁・限定の正確性を高めていくための思考力であると私たちは考えています。

　では、国内外の研究者たちはクリティカル・シンキングをどのように定義しているのでしょうか。教育心理学者の道田(2001)は、日本におけるその草分け的な論文「批判的思考の諸概念——人はそれを何だと考えているか?」で、クリティカル・シンキングの定義や概念の変遷について解説しています。ここではクリティカル・シンキングの定義について、道田の論文に示されている1960年代以降の定義や解説を参照・引用しながら、筆者らが収集した他の文献等の知見も交えて紹介しましょう。

　(a)　1960年代には、批判的思考の代表的な研究者であるロバート・エニス(Robert H. Ennis)が、クリティカル・シンキングとは、「命題(statements)を正しく評価すること」(Ennis, 1962)と定義しました。しか

し道田は、その定義は狭義で、論理学的な観点が中心だと指摘しています。確かに、「正しく」とはどういうことなのかも不明確です。

（b）　1980年代になってエニスは、その定義を、「何を信じ何を行うかの決定に焦点を当てた、合理的で省察的な思考」（Ennis, 1985）と改め、そこには、「仮説の形成、問題を別の視点から見ること、質問すること、別の解を考えること、計画を立てることなどといった、創造的な思考も含まれる」（Ennis, 1987）としているようです。この定義で見る限り、クリティカル・シンキングの創造的な側面については具体的ですが、「合理的（reasonable）で省察的（reflective）」という条件の説明が十分とは言えないように思います。

（c）　1990年代には、教育哲学者のリチャード・ポール他が、クリティカル・シンキングは、「思考に内在する構造に知的な基準を当てはめることによって、自分の思考の質を向上させる思考様式」（筆者訳）としています（Paul, Fisher and Nosich, 1993）。同じ1990年代にアレク・フィッシャー（Alec Fisher）らは、「クリティカル・シンキングとは、意見やコミュニケーション、情報や議論を、技術に基づいて（skilled）、積極的（active）に解釈し評価すること」（筆者訳）と定義し、「解釈」や「評価」にも焦点を当てています（Fisher and Scriven, 1997）。

（d）　2000年には、心理学者の宮元（2000）が、クリティカル・シンキングを、「適切な根拠（事実、理論等）を基にし、妥当な推論過程を経て、結論・判断を導き出す思考過程、あるいは、所与の主張・議論について、その根拠や推論過程の適切さを吟味する思考過程」とし、より具体的な定義を示しています。

（e）　道田自身はクリティカル・シンキングの定義を、「「日常で出会うさまざまな問題を評価し解決する」という観点からまとめられる複数の思考技能・態度のパッケージ」であるとし、「批判的な態度（懐疑）によって解発（リリース）され、創造的思考や領域固有の知識によってサポートされる論理的・合理的な思考」としています。

このようにクリティカル・シンキングの捉え方は研究分野によっても異なることから、その定義は非常に難しく、ユージン・ゼックミスタ(Eugene. B. Zechmeister)他は、その著書(Zechmeister, 1992)で、クリティカル・シンキングの明確な定義を示さずに論を進めているくらいです。

　本書では、クリティカル・シンキングを「21世紀を生き抜くジェネリックスキルのひとつ」で「汎用的なスキル」(国立教育政策研究所, 2015)として捉え、本節の冒頭(28ページ)のように定義しました。先に紹介したどの定義が正しいとか正しくないとかいうことではありません。クリティカル・シンキングが、必要な生活上の場面、学校、職場などの状況に応じて、活用されていくことが大切なのです。でも定義だけ知っていても、具体的にどうしたら良いのかわかりませんね。大丈夫、安心してください。これから少しずつステップを踏んで解説します。ドリルで体験しながら学んでいきましょう。

3. クリティカル・シンキングに必要な要素

　クリティカル・シンキングの「具体的な育成方法」について、これまでにどのような方法が提案されているのか調べてみました。不思議なことに、その方法を具体的に提示した研究はほとんどないのです。かわりに、クリティカル・シンキングに必要な「思考の要素」は何か、として議論されてきたようです。ふたたび道田(2001)を参照・引用しながら、思考の要素について概観してみましょう。

≪1≫　1960年代、エニス(Ennis, 1962)は「クリティカル・シンキング」に
　　　必要な思考要素として、以下の諸点をあげています。

　　　命題の意味を把握すること
　　　推論の過程にあいまいな部分がないか判断すること
　　　命題間に矛盾がないか判断すること
　　　結論が必然的に導き出されるか判断すること

命題が十分に明確か判断すること

命題は原則をきちんと適用したものか判断すること

観察結果が信頼できるものか判断すること

帰納による結論はちゃんとしたものか判断すること

問題が明らかになっているか判断すること

仮定は何か判断すること

定義は適切か判断すること

第2章　クリティカル・シンキングとは

　やや羅列的ですが、観察、定義、命題、仮定、原則、問題、結論がそれぞれ明確かどうかが問われています。ここでいう「問題」は「問題提起」の意味です。エニスのこの思考要素は、自然科学や社会科学の分野での議論で特に役立つように思います。

　これらの「要素」の主なものの関連性を図にしてみました。「クリティカル・シンキングの方法」が見えてくるかもしれません。

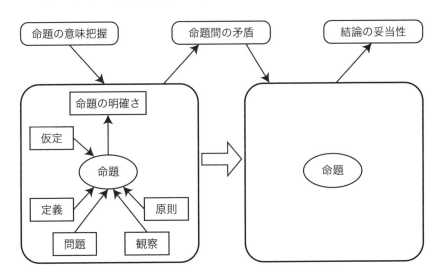

　エニスは、「命題」がどのように作られているかを批判的に吟味し、「命題」を作るさまざまな「仮定」「定義」「原則」「問題」「観察」を批判的に検

討すべきであること、そして、そのような命題が、どのように積み重ねられていくのかをも批判的に検討することを提起しています。しかし、そういう批判をどのように行うのかについての提案がなく、やはり総花的で系統性がありません。

≪2≫ 1980年代に入って、バリー・ベイヤー(Barry K. Beyer)は次のように整理しています(Beyer, 1985)。彼は、「クリティカル・シンキング」の「要素」として、次のものを挙げています。

検証可能な事実と価値の主張を区別すること
情報源の信頼性を決定すること
命題が事実かどうかや正確さを決定すること
関連した情報や主張、理由と無関連なものを区別すること
バイアスを見つけること
述べられていない仮定を明らかにすること
曖昧な主張や議論を明らかにすること
推論の過程において、論理的な一貫性のなさや誤謬を見つけること
根拠のある正当な主張と、正当でない主張を区別すること
議論の強さを決定すること

これも羅列的ですが、エニスと違って、検証可能か、情報源が信頼できるか、命題が事実かどうか、バイアスがないか、述べられていないことはないか、曖昧さはないか、一貫性や誤謬はどうか、根拠があるかなど、さまざまな面で「批判性」を前面に出して検討しています。そして、「主張」を吟味するという点が各所で重視されています。これは、人文科学の分野の議論で特に役立つように思います。

もう少し体系化して主な「要素」を図解するとこうなります。

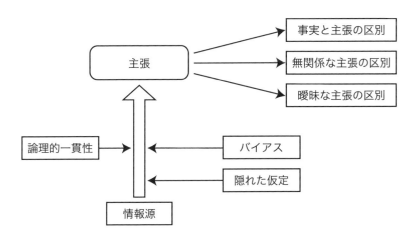

　ベイヤーは、「情報源」自体も批判的検討の対象にしています。そのうえ
で、論者の側に「隠れた仮定」や「バイアス」がないか、そして「論理的一
貫性」があるかどうかを調べ、一定の「主張」がなされるまでの過程を批判
的に考えるべきだとしています。その後、その「主張」について、「曖昧」
なものや「無関係」なものを篩い分け、「仮説」や「バイアス」が入ってい
て、「主張」があまりにも「事実」と離れたものになっていないかを批判的
に調べるべきだとしています。

　エニスが「命題」と言っているところをベイヤーは「主張」と言っている
のですが、ほぼ同じことを指しています。ただし、ベイヤーの説はエニスの
それに比べて、「主張」が論者の持っている「隠れた仮定」や「バイアス」
に影響されることを重視しています。

≪3≫ 最後に、エルダーとポールの説を見ておきましょう。ふたりは、「クリティカル・シンキング」の要素として、次のものを挙げています（Elder and Paul, 2009）。

目的を考えること
疑問を述べること
情報を集めること
推論を点検すること
前提を吟味すること
概念を明確にすること
観点をよく理解すること
含意をよく考えること
推論と前提を区別すること
推論と前提を明確にすること

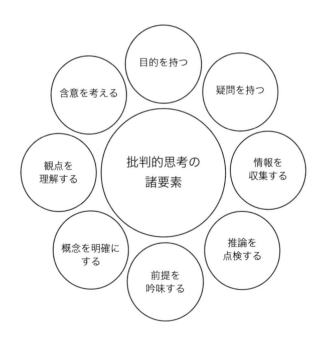

　リンダとポールは、ベイヤーの議論をやや一般的に表現しているように見えます。しかし、よく見ると、新しい論点が入っています。それは、「観点」をよく理解すること、「含意」をよく考えること、「前提」を明確にすること、という三つの点です。つまり彼らは、われわれの議論は、一定の観点から述べられ、いろいろな含意を含み、いろいろな推測と前提を持ちうると考えているのです。それにしても総花的で、どのように使えば良いのかがわかりづらいと思います。

　このように、クリティカル・シンキングには決まった方法はありません。ただ少なくとも、「事実」、「仮定」または「前提」、「情報源」を確定することが出発点になっているということは言えそうです。それ以外は、いろいろな「要素」が提示されていますが、諸要素を並べるだけではクリティカル・シンキングを体系的に行うことは難しいという印象を受けてしまいます。そこで、第3章以降では、クリティカル・シンキングを鍛える方法について、ステップを踏んで学んでいくことにします。

ドリル
クリティカル・シンキングの基礎練習

クリティカル・シンキングをする人・しない人

　私たちが日常的にクリティカル・シンキングをしているかどうかを、身近な話題から考えてみましょう。ほんのわずかな注意をすることで、クリティカル・シンキングはできるのです。

> **Q** 　身近な話題を念頭に置いて、クリティカル・シンキングに関する次の二つの問に答えましょう。

第1問　次のような考えの実例を挙げてみましょう。

1．みながそう言っているから、そうなんじゃないか。

（　　　　　　　　　　　　　　　　　　　　　　　　　　　　　）

2．人と同じことをすればいいのだ。

（　　　　　　　　　　　　　　　　　　　　　　　　　　　　　）

3．自分はいつもそうしているから、それでいいのではないだろうか。

（　　　　　　　　　　　　　　　　　　　　　　　　　　　　　）

4．あまり深く考えないで思いついたことをすればいい。

（　　　　　　　　　　　　　　　　　　　　　　　　　　　　　）

第2問 次のような考えのうち、どれがクリティカル・シンキングをしている
人でしょうか、番号に〇をつけましょう。複数の選択が可能です。

1. 新型コロナウイルスのせいでトイレットペーパーが不足するそうだか
ら、今のうちに買いだめしよう。
2. 新型コロナウイルスのせいでトイレットペーパーが不足するといわれて
いるが、スーパーの店長の話を聞くと、そうでもないらしい。
3. アジアでコロナ感染者が多発しているけど、アジア人がすべてコロナ感
染者ではないのではないか。
4. アジア人はコロナを運んでくるから、ヨーロッパから出て行ってほしい。
5. 首相としては他に良さそうな政治家がいないから、Ｘ氏でいいのではな
いかな。
6. 首相としては他に良さそうな政治家がいないように見えるけど、別の見
方をすると、Ｘ氏以外にもいるのではないかな。

事実と判断

　クリティカル・シンキングをする基本となるのは、いろいろな場面において、事実とだれかの判断・意見とをはっきりと区別することです。しかしこれは意外に難しいのです。常に気を付けて訓練しておく必要があります。

> **Q** 次のいくつかの命題について、事実といえるものと、判断・意見とみるべきものとを区別してみましょう。事実といえるものに〇、判断・意見とみるべきものに△をつけましょう。

第1問

　例　東京は世界で最も大きい都市のひとつである。　　　（　〇　）
（1）日本での出生率は低下している。
（2）日本の就職制度は不公平である。
（3）日本の経済は改善の兆しを見せている。
（4）日本では女性にもっと職を与えるべきである。
（5）アメリカ軍は第二次世界大戦後ずっと日本にいる。

第2問

（1）大学での成績が良い職に就けるカギである。
（2）原発はエネルギー源のひとつである。
（3）就職活動には黒いスーツが必須とは限らない。
（4）メディアは常に真実を伝えている。
（5）辞書に書いてあることはほぼ正確である。

第3問

（1）農村での生活は都市より退屈である。

（2）都市の生活は農村よりストレスが多い。

（3）大都市に住む人たちは利己的である。

（4）大都市には高い建物が多い。

（5）農村には緑が多い。

解答欄

第1問	
（1）	（2）
（3）	（4）
（5）	
第2問	
（1）	（2）
（3）	（4）
（5）	
第3問	
（1）	（2）
（3）	（4）
（5）	

第3章 クリティカル・シンキングに トゥールミン・モデルを活かそう

　前の章で見たように、クリティカル・シンキングに関する本や文献には、ほとんどの場合、「クリティカル・シンキングを鍛える方法」が具体的には提示されていません。そこで私たちは、クリティカル・シンキングの諸要素の中でも、最も重要な「事実の確認」と「論理的に結論（主張）を導く」ということを柱にして、クリティカル・シンキングの「育成方法」を体系的にまとめたいと考えました。具体的には、クリティカル・シンキングの方法を検討するための「原点」として、「論理的思考」の方法を体系化したStephen E. Toulmin（スティーヴン・E・トゥールミン）が提唱した「トゥールミン・モデル」[10]を活用することが有効なのではないかと考えました。

　この「トゥールミン・モデル」は、多くの場合、論理的な議論の方法として紹介されていますが、私たちはこのモデルが、クリティカル・シンキングをシステマティックに育成するうえで大変有効だと考えています。なぜならば、トゥールミン・モデルは、議論の「根拠」、「論拠」、「主張」、あるいは「反駁」などの要素を区別して、その相互関係やそれぞれの要素の中身をクリティカルに精査することを求めているからです。そのようなトゥールミン・モデルの考え方を、私たちの方法でクリティカル・シンキングに活かしてみました。

　それでは、トゥールミン・モデルについて、順を追って学んでいくことから始めましょう。

10　トゥールミン・モデルは、Stephen E. Toulminがその著書 *The Uses of Argument*（1958, 1963, 2003）で提唱した議論のためのモデル。邦訳として、『議論の技法』（戸田山他, 2011）がある。

1.　トゥールミン・モデルとは

　トゥールミン・モデルによれば、下図に示したように、私たちは、一定の「data（根拠・事実）」を出発点にして、一定の「warrant（論拠）」に基づいて、しかるべき「claim（主張）」をするのです。議論の出発点となる「根拠」がしっかりとしていないと議論としては不毛になります。その「根拠」は「事実」と同義であるといってもいいでしょう。この「根拠」に対して一定の「論拠」を付けて「主張」が導き出されてくるのです。つまり、「○○という事実（根拠）がある。そこで○○という理由（論拠）から、○○と主張する」、という流れになります。その際、「論拠」には一定の「backing（裏付け）」があるはずです。これのない「論拠」はあいまいです。

　以上の議論の段階を「ステップ1」としましょう。図解すると次のようになります。

▶ステップ1

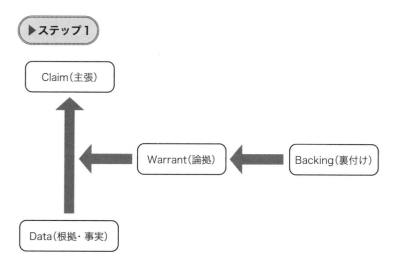

さて、「根拠(事実)」をもとに、一定の「裏付け」を持った「論拠」に基づいて「主張」がなされますが、その過程において、多くの場合、「反駁(rebuttal)」が起きます。「反駁」は主に「論拠」に対してなされますが、場合によっては、「根拠」そのものや、「裏付け」に関してなされることもあるでしょう。そうした「反駁」が起きる場合、それまでの「主張」に一定の「限定(qualification)」が付けられます。そうすると、それまでの「主張」は修正されてあらたな「主張」が出てくるはずです。これは「ステップ2」の議論です。図解すると下のようになります。

　このように、トゥールミン・モデルは6つの「構成要素」(根拠、論拠、裏付け、反駁、限定、主張)から成り立っています。本書でも、これ以降の説明において、この「構成要素」を常に念頭に置いていきます。

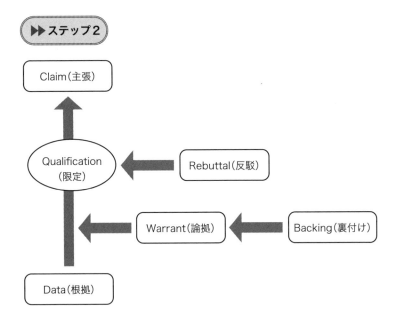

▶▶ ステップ2

　このままではよくわからないかもしれません。具体的な例をあげてみましょう。トゥールミン自身は次のようなわかりやすい例を挙げています。

トピック　バミューダ：ハリーの国籍はどこ？
....

　「ハリーはバミューダで生まれた。バミューダで生まれた人はふつうイギリス国籍を持っている。だからハリーはイギリス国籍を持っている」という議論を例にしてみましょう。日常的には、「ハリーはバミューダで生まれたから、イギリス国籍を持っているよ。だって、バミューダで生まれた人はふつうイギリス国籍を持っているのだから」といわれる話です。

　これを図にするとこうなります。

▶ステップ1

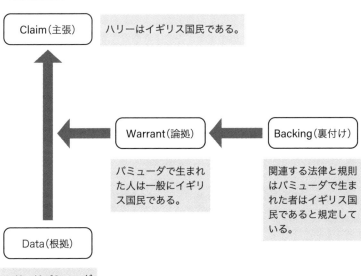

Claim（主張）	ハリーはイギリス国民である。

Warrant（論拠）　　　　Backing（裏付け）

バミューダで生まれた人は一般にイギリス国民である。

関連する法律と規則はバミューダで生まれた者はイギリス国民であると規定している。

Data（根拠）

ハリーはバミューダで生まれた。

この際、バミューダで生まれた人はふつうイギリス国籍を持っているという「論拠」には、「イギリスの植民地である英領バニューダで生まれたものは、イギリス国籍を取らなければならない」といった、法律が「裏付け」として想定されています。

　それでも、いろいろと考えると批判が出そうです。たとえば、ハリーはバミューダで生まれ育ったにしても、彼の両親が外国人だったり、ハリーが成人してアメリカに帰化していたりすると、事情は変わってきます。そこで、そのような「論拠」に対する反論としての「反駁」を考慮すると、「主張」に一定の「限定」を付ける必要があることに気が付きます。それを図にするとこうなります。

▶▶ ステップ2

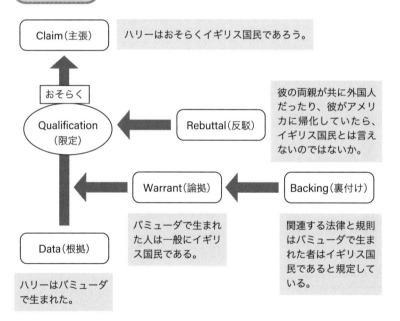

Claim（主張）　ハリーはおそらくイギリス国民であろう。

おそらく

Qualification（限定）

Rebuttal（反駁）　彼の両親が共に外国人だったり、彼がアメリカに帰化していたら、イギリス国民とは言えないのではないか。

Warrant（論拠）

Backing（裏付け）　関連する法律と規則はバミューダで生まれた者はイギリス国民であると規定している。

バミューダで生まれた人は一般にイギリス国民である。

Data（根拠）

ハリーはバミューダで生まれた。

　こうして、当初の「ハリーはイギリス国民である」という「主張」は、「ハリーはおそらくイギリス国民であろう」という「主張」に変わるのです。こういうふうに、いろいろな観点から「反駁」を考えると、多くの場合、一方的な「主張」が緩和されることになります。

トピック　スウェーデン人：Xの宗教は何？
....

「Xはスウェーデン人である。スウェーデン人はふつうカトリックではない。だからXはカトリックではない」という議論を例にしてみましょう。日常的には、「Xはスウェーデン人だから、カトリックではないよ。だって、スウェーデン人はカトリックではないんだから」といわれる話です。図にするとこうなります。

▶ステップ1

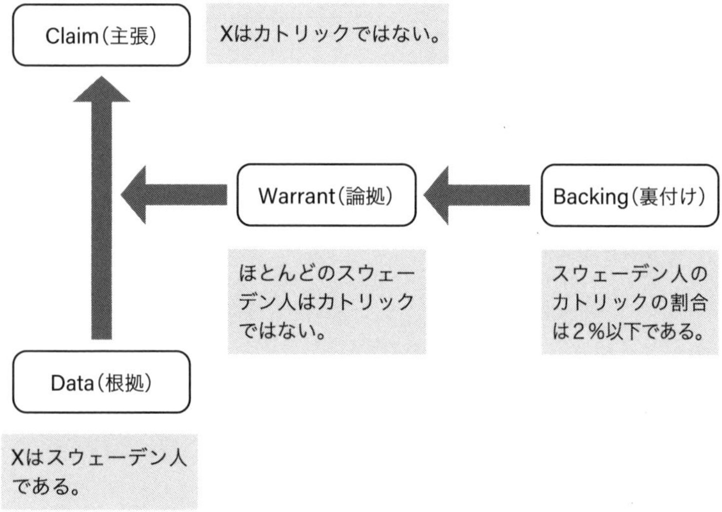

Claim（主張）	Xはカトリックではない。

Warrant（論拠）	Backing（裏付け）
ほとんどのスウェーデン人はカトリックではない。	スウェーデン人のカトリックの割合は2％以下である。

Data（根拠）
Xはスウェーデン人である。

　この際、「ほとんどのスウェーデン人はカトリックではない」という「論拠」には、スウェーデン人のカトリック信者の割合は2%以下であるという統計結果が「裏付け」として想定されています。

　それでも、これではいろいろな批判に耐えられません。特に、スウェーデン人にもカトリックがいくらかいるではないかという「反駁」がでてきます。そこで、議論をもっと正確にする必要があります。それが次の図です。

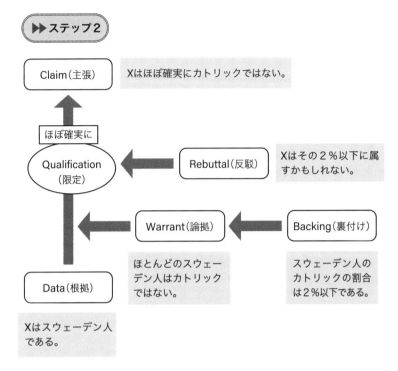

　こうして「Xはカトリックではない」という「主張」が、「Xは<u>ほぼ確実</u>にカトリックではない」という「主張」に変わりました。独断的判断が修正されたことになります。

　このように、トゥールミンのモデルを使うと、議論を批判的に吟味しながら、一定の「主張」を作り上げるための諸段階を整理することができます。その結果、議論にも正確さが増していくわけです。

2. トゥールミン・モデルの適用

　これまでに見たように、トゥールミンのモデルは、議論を批判的に吟味しながら、一定の「主張」を作り上げるための諸段階を整理しているものなのです。そういう意味で、このモデルは「クリティカル・シンキング」を使って、論理的主張をするための基礎を与えてくれていると考えて良いでしょう。つまり、ここに示された論理的思考のわく組を使って、どのような点を「批判的」に考えていけば良いのかをビジュアルに捉えることができるのです。

　このトゥールミン・モデルは、1960－70年代に論理学の分野で広く受け入れられたモデルですが、その後、「議論(argument)」の技法として言及されることはあっても、「クリティカル・シンキング」の方法という観点からは、外されてきているようです。先に挙げたエニスもポールもエルダーもゼックミスタも、トゥールミンのモデルには一切触れていないのです。

　そこで改めて、このトゥールミン・モデルをクリティカル・シンキングに適用してみるとどうなるでしょうか。トゥールミンが挙げたトピック以外のものを例にとって考えてみましょう。

　たとえば、「電車の優先席ではお年寄りに席を譲るべきだ」という議論を材料にしてみましょう。この場合、ほかに妊婦や身体に障害のある人などがまわりにいないという場面を想定してください。

　実は、議論をトゥールミン・モデルに分解すること自体が、クリティカル・シンキングにあたるのですが、個々の構成要素をそれぞれ批判的に検討することもクリティカル・シンキングなのです。

　上の議論の「ステップ1」を図式化してみましょう。

▶ステップ1

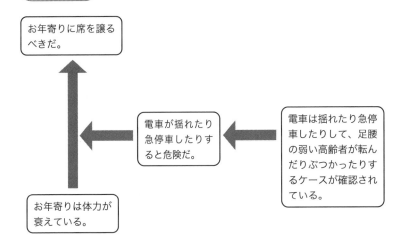

お年寄りに席を譲る
べきだ。

電車が揺れたり
急停車したりす
ると危険だ。

電車は揺れたり急停
車したりして、足腰
の弱い高齢者が転ん
だりぶつかったりす
るケースが確認され
ている。

お年寄りは体力が
衰えている。

これらの個々の構成要素について批判的に考えてみましょう。

根拠(事実) Data

　まず、この議論はどのような「事実」を「根拠」にして組み立てられて
いるのかということを、批判的に検討することが必要です。今回の場合、
それは、「お年寄りは体力が衰えている」という「事実」を基礎にしてい
ます。

　クリティカル・シンキングとしては、根拠となっている事実は正しいの
だろうか、だれかの判断ではないだろうか、という疑問をもつことが必要
です。

論拠 Warrant

　「根拠」が確認できたとして、次にこの議論では、どのような「論拠」
を用いて、この「根拠」を活かしていくのかについて批判的に検討するこ
とが必要です。お年寄りは体力が衰えている。だから「電車が揺れたり、

急に止まったりすると、電車のいろいろなところにぶつかって危険だ」ということが、「論拠」になっています。

クリティカル・シンキングとしては、この「論拠」は正しいのだろうか、「主張」を導くものになっているだろうか、という疑問を持つことが必要です。やさしく言うと、この「論拠」があるから、こういう「主張」が出てくるのだということが、納得のいくかたちでつなげられると良いのです。

裏付け　Backing

次に、その「論拠」はどのような「裏付け」に基づくのかを批判的に検討することが求められます。それは事実であったり、学説であったり、一般的に受け入れられている意見であったりします。今回は、電車が揺れたり、急に止まったりすると、足腰の弱い高齢者はよろけたり、転んだりすることが、経験上確認されていることが、その「裏付け」になります。

クリティカル・シンキングとしては、これは広く確認されている「裏付け」だろうか、偏見が入っていないだろうか、という疑問を持つことが大切です。

主張（ステップ1）　Claim

以上の「根拠」「論拠」「裏付け」により、ステップ1では、「お年寄りには席を譲るべきだ」という「主張」が成り立ちます。クリティカル・シンキングとしては、この「主張」が「根拠」や「論拠」を無視した勝手な意見ではないかどうかを検討する必要があるのです。

次に、「ステップ2」について考えてみましょう。

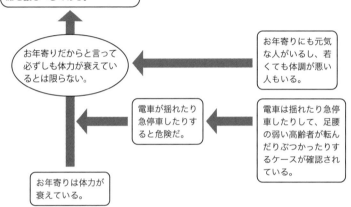

▶▶ ステップ2

原則、お年寄りには席を譲るべき
だが、「立っているお年寄りの状
態（体力がさほど衰えていない）」や
「座っている人の状態（体力が衰え
ていそう、体調が悪そう、怪我を
している、妊婦さんなど）」しだいで
席を譲るべきである。

お年寄りだからと言って
必ずしも体力が衰えてい
るとは限らない。

お年寄りにも元気
な人がいるし、若
くても体調が悪い
人もいる。

電車が揺れたり
急停車したりす
ると危険だ。

電車は揺れたり急停
車したりして、足腰
の弱い高齢者が転ん
だりぶつかったりす
るケースが確認され
ている。

お年寄りは体力が
衰えている。

反駁　Rebuttal

　一定の「根拠」に基づき、一定の「裏付け」を持った「論拠」によっ
て、一定の「主張」がなされたとしても、それが<u>さまざまな角度から検討
されているのか、もしかすると反対意見も出てきて、反駁される可能性は
ないか</u>、などと批判的に考えることが必要です。このようなクリティカル
な目は、多くの場合、「論拠」に向けられることが多いのですが、「根拠」
や「裏付け」にも向けられるべきでしょう。このように、「反駁」をする
こと、あるいは「反駁を想定すること」自体も、クリティカル・シンキン
グなのです。
　ここでは、「お年寄りと言っても、とても元気な人もいる」、「席を譲る
べき若い人でも、とても疲れていたり、体調が悪い人もいる。妊婦さんも

いる。若いからといって必ずしも席を譲る必要はない」、といった「反駁」を想定することも、クリティカル・シンキングのひとつで、議論では欠かせないプロセスです。

さらにクリティカル・シンキングとしては、<u>「反駁」自体が妥当なものなのか、多様な視点から見た反論なのだろうか</u>、という疑問を持つことも大切です。

限定 Qualification

「反駁」を念頭に入れた結果、お年寄りだからといって「必ずしも譲る必要はない」という「限定」が必要なことがわかります。

クリティカル・シンキングとしては、<u>どのような「限定」が議論につけられているか</u>、それは<u>正当な「限定」なのか</u>を批判的に検討することが欠かせません。

主張(ステップ2) Claim

以上のように議論を積み上げていくと、「電車の優先席では、原則、お年寄りには席を譲るべきだが、それは、お年寄りの状態や、座っている人の状況しだいである」といったように、最終的に、新しい「主張」になるのです。

クリティカル・シンキングとしては、この最終的な「主張」が論理的に積み上げられたものであるか、明確なかたちでできているかを批判的に検討することも求められます。

このように、クリティカル・シンキングを使ってトゥールミン・モデルの「5つの構成要素」を精査しながら議論を進めていくと、総花的であったゼックミスタやエルダーらが挙げていた「クリティカル・シンキングの要素」が、体系的に網羅され、結果的に議論の論理性を高めることができると思われます。

ドリル

トゥールミン・モデルに当てはめてみよう

トピック　Let It Go

　ディズニーが、子供たちに大人気のアニメ『アナと雪の女王』の主題歌『Let It Go』の25言語バージョンを発表しました。25言語というのは、英語、フランス語、ドイツ語、オランダ語、北京語、スウェーデン語、日本語、スペイン(ラテンアメリカ)語、ポーランド語、ハンガリー語、スペイン語、カタルーニア語、イタリア語、韓国語、セルビア語、広東語、ポルトガル語、マレーシア語、ロシア語、デンマーク語、ブルガリア語、ノルウェー語、タイ語、カナダ・フランス語、フラマン語です。この25言語には、世界の使用言語の上位20言語のうちの11言語が含まれていることから、「この25言語バージョンの制作は、ディズニーのグローバル戦略を実現したものである」と評価されています。この「上位20言語」というのは、文部科学省の世界の母語人口でいうところの20言語です。[11]　この評価の議論を検討してみましょう。

11　中国(北京)語、英語、スペイン語、ヒンディ語、アラビア語、ポルトガル語、ロシア語、ベンガル語、日本語、ドイツ語、ウー語、ジャワ語、韓国・朝鮮語、パンジャブ語、テレグ語、フランス語、マラータ語、タミル語、イタリア語、広東語の20言語。

Q 次のa〜dの文を、モデルの①〜④に当てはめてみましょう。

a 25言語には世界の使用言語の上位20言語のうち11言語が含まれている。

b ディズニーが25言語バージョンの『Let It Go』の制作した。

c 世界のほとんどの重要言語で制作されたことになる。

d 25言語バージョンの『Let It Go』の制作はディズニーのグローバル化戦略の実現である。

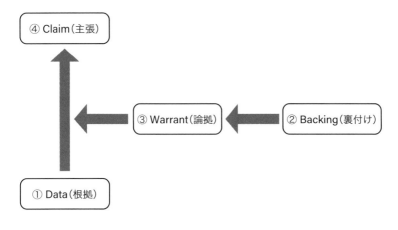

解答欄

①	
②	
③	
④	

解答例

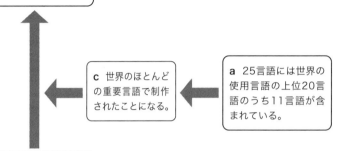

d 25言語バージョンの『Let It Go』の制作はディズニーのグローバル化戦略の実現である。

c 世界のほとんどの重要言語で制作されたことになる。

a 25言語には世界の使用言語の上位20言語のうち11言語が含まれている。

b ディズニーが25言語バージョンの『Let It Go』を制作した。

第3章　クリティカル・シンキングにトゥールミン・モデルを活かそう

Q 上の議論の進め方に対して、どういう「反駁」と「限定」が考えられ、その結果、「主張」はどのように変わるでしょうか。モデルの⑤、⑥、④に当てはまる文を、次のa～cの中から選びましょう。

a　25言語バージョンの『Let It Go』の制作はディズニーなりのグローバル化戦略の実現でしかない。

b　ヒンディ語やアラビア語といった重要な言語が入っていないから、グローバル化とは言えないのではないか。

c　十分なグローバル化ではなさそうだ。

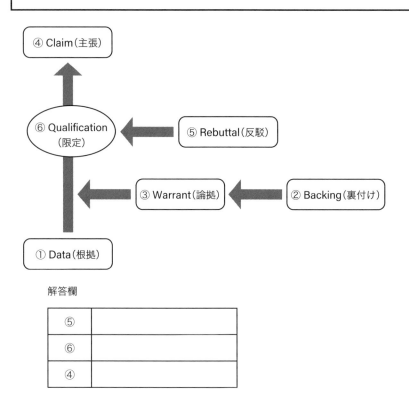

解答欄

⑤	
⑥	
④	

解答例

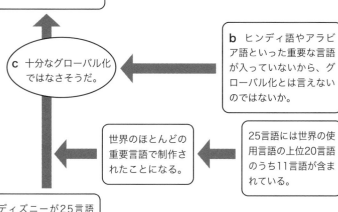

a　25言語バージョンの『Let It Go』の制作はディズニーなりのグローバル化戦略の実現でしかない。

c　十分なグローバル化ではなさそうだ。

b　ヒンディ語やアラビア語といった重要な言語が入っていないから、グローバル化とは言えないのではないか。

世界のほとんどの重要言語で制作されたことになる。

25言語には世界の使用言語の上位20言語のうち11言語が含まれている。

ディズニーが25言語バージョンの『Let It Go』を制作した。

高齢者の運転免許 ....

　高齢者(75歳以上)の認知機能検査が導入されたにもかかわらず、認知機能に問題のある高齢者によって引き起こされる交通事故は増えている。その理由は、認知機能検査で「認知機能の低下」や「認知症の恐れ」があるとされても、免許証の返納は自主性に任されているからである。「認知症」と判定されなければ、強制的に返納を求めることはできないのである。例えば、2017年末で、高齢者が「認知症の恐れ」があるとして、免許を返納する率は30%にとどまった。しかし、高齢者の事故の多さを考えると、「認知症の恐れ」ありとされたら免許証は強制的に返納するべきではないだろうか。

　この議論をトゥールミン・モデルに分解してみましょう。

▶ステップ1

Q　次のa〜dの中から適切な文言を選んで、モデルの①〜④に当てはめてみましょう。

a　認知機能検査で「認知症の恐れ」があるとされる状態では、運転は危険である。

b　「認知症の恐れ」ありとされたら免許証は強制的に返納させるべきだ。

c　高齢者(75歳以上)の認知機能検査が導入されたが、認知機能の低下や「認知症の恐れ」があるとされても、「認知症」と判定されないかぎり免許証は発行される。実際2017年末での高齢者の「認知症の恐れ」による免許返納率は30%であった。

d　認知機能に問題のある高齢者によって引き起こされる交通事故が増えている。

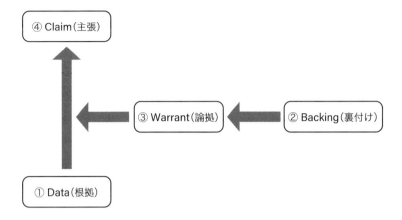

解答欄

①	
②	
③	
④	

解答例 ▷

b「認知症の恐れ」
ありとされたら免
許証は強制的に返
納させるべきだ。

c 高齢者(75歳以上)
の認知機能検査が導
入されたが、認知機
能の低下や「認知症
の恐れ」があるとさ
れ.ても、「認知症」と
判定されないかぎり
免許証は発行され
る。実際2017年末
での高齢者の「認知
症の恐れ」による免
許返納率は30％で
あった。

a 認知機能検査
で「認知症の恐れ」
があるとされる状
態では、運転は危
険である。

d 認知機能に問
題のある高齢者に
よって引き起こさ
れる交通事故が増
えている。

▶▶ステップ2

Q　ステップ1に「反駁」と「限定」を加えて、新たな「主張」を考えてみ
　　ましょう。次のa～cの中から適切な文を選んで、モデルの⑤、⑥、④
　　に当てはめてみましょう。
　　a　認知機能検査の基準を厳しくしてはどうか。
　　b　「認知症の恐れ」があるとされても正しく運転できる人はいる。
　　c　認知機能検査の新基準で「認知症の恐れ」ありとされたら免許証
　　　　は強制的に返納されるべきだ。

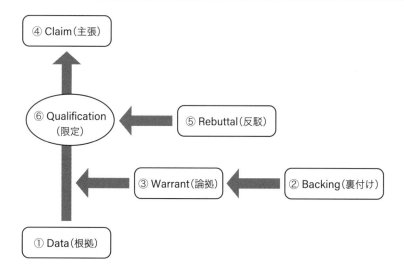

④ Claim（主張）

⑥ Qualification（限定）　　⑤ Rebuttal（反駁）

③ Warrant（論拠）　　② Backing（裏付け）

① Data（根拠）

解答欄

⑤	
⑥	
④	

第3章　クリティカル・シンキングにトゥールミン・モデルを活かそう

　「認知症の恐れ」が出ていても正しく運転できる人はいるという「反駁」
が考えられます。そこで、「認知機能検査の基準を厳しくしたうえで」とい
う限定条件を加えてみましょう。すると、「主張」は、次のように変わって
きます。

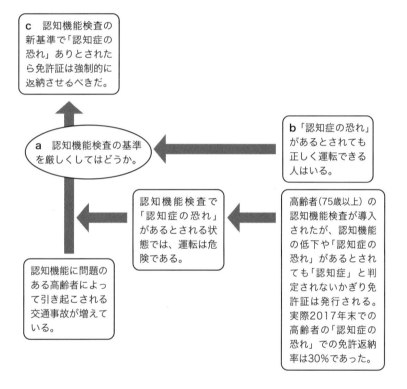

c　認知機能検査の
新基準で「認知症の
恐れ」ありとされた
ら免許証は強制的に
返納させるべきだ。

a　認知機能検査の基準
を厳しくしてはどうか。

b「認知症の恐れ」
があるとされても
正しく運転できる
人はいる。

認知機能検査で
「認知症の恐れ」
があるとされる状
態では、運転は危
険である。

高齢者(75歳以上) の
認知機能検査が導入
されたが、認知機能
の低下や「認知症の
恐れ」があるとされ
ても「認知症」と判
定されないかぎり免
許証は発行される。
実際2017年末での
高齢者の「認知症の
恐れ」での免許返納
率は30%であった。

認知機能に問題の
ある高齢者によっ
て引き起こされる
交通事故が増えて
いる。

第4章 トゥールミン・モデルとコンテクスト

　トゥールミン・モデルが提起されたのは1960年代でしたが、今ではトゥールミン・モデルはより深められてきています。トゥールミンが提唱したモデルに、あらたに「コンテクスト」という要素を組み入れて考えようというものです。

　ここでいう「コンテクスト(context)」とは、「思考する人が置かれている状況」や「思考する際の文脈」のことです。ひとはいつでも「特定の状況や文脈」のもとで、「一定のことば」を「一定の意味」で使ったり理解したりしています。このように、ことばは「特定の状況や文脈」で使われることから、必然的に、そこには隠れた「限定・観点・前提・含意」が含まれることになります。ある意味でことばには「バイアス」がかかっているのです。そのため、ひとが発信することばのコンテクストを無視すると、議論の落とし穴にはまってしまうこともあるのです。議論をしたり聞いたりしている時には、私たちはその議論の「根拠となっている事実」や「裏付けとなる証拠」、そして「反駁」が、「特定のコンテクスト」のもとで「特定の制約を受けて」発信されているということを忘れてはなりません。アレック・フィッシャー(Fisher, 2001)は、次のように言っています。

　議論や説明とかそういったたぐいの論証をする時、ひとはごく普通に、いろんなことを言わずに済ませてしまっています。例えば、そのひとが真実だと信じていること、ほかのひとも当然受け入れてくれると思っていること、議論の論点には必要で適切な内容、ときには論理的に議論を進めるには必要不可欠な重要なことがらさえも、たいていは言わずに済ませているのです。自分の考えをわかってもらおうと真剣な議論をしなければならない時でさえも、当然のことのようにそれらを言わず

63

に済ませてしまうのです(筆者訳)。

　このように、ひとは、明確に了解済みと受け取られているようなことを、はっきり述べたり明示したりすることなく、議論の中で背後に使っているのだというわけです。このように、議論の過程では、「誰もが了解済みと思えるようなこと」が「コンテクスト」になっていることが多いのです。

　フィッシャー(Fisher, 2011)はこの「コンテクスト」について、さらに次のように説明しています。

　　議論や説明などには、常になんらかのコンテクストがある。そこには、あらゆる種類の「前提(assumptions)」、「推定(presumptions)」、「背後信念(background beliefs)」、「関連事実」、「行動規範(rules of conduct)」などが含まれているので、議論の解釈や評価に影響を与える可能性がある。(中略)ある発言者は独自のコンテクストがあって議論するだろうし、ある国は、その国独自のコンテクストがあって、他国とは実に異なる重みを持って議論をすることになるだろう。なぜなら、各国独自の前提や経験や価値感があり、背景には異なった歴史的コンテクストがあって議論をするので、他国からは異なった解釈がされたり、異なる評価を受けることにもなるのだ(筆者訳)。

　このように、「コンテクスト」は多くの場合、議論の中では「前提」となってしまい、明示的に語られることがないままに済まされてしまうのですが、実は議論を理解する上では重要な情報が含まれています。
　そこで、フィッシャーの議論をふまえて、このコンテクストという要素を加えて、トゥールミン・モデルを発展的に拡大し、私たちなりに図示したものが、次のモデルです。

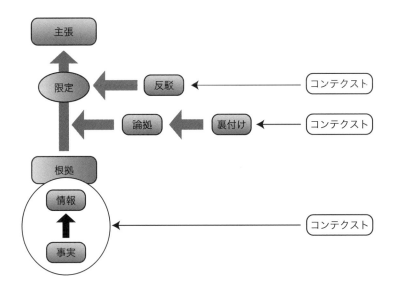

　図にそくして、もう一度、トゥールミン・モデルの各要素を考え直してみ
ましょう。問題となるのは、三か所です。

根拠（データ）

　まず、ある議論が「どのような事実」を「根拠」にして組み上げられて
いるのだろうかと、批判的に検討するのですが、その事実というのはなん
らかの形で「情報」として作られているのです。こうして一定のコンテク
ストのなかで情報化されたものがデータとしてわれわれに提示され、それ
が「根拠」として機能するわけです。そのため、その情報化がどういうコ
ンテクストにおいて行われたかを検討しておく必要があります。

裏付け

　次に、「根拠」に対して一定の「論拠」を適用して「主張」を打ち出す
のですが、その際、その「論拠」はもちろんのこと、その「論拠」がどの
ような「裏付け」に基づくのかを批判的に検討することが求められます。
そしてその「論拠」も「裏付け」も、一定のコンテクストのなかで作られ

ているはずです。そうであればそのコンテクストを検討する必要もあるのです。

反駁

　一定の「根拠」に基づき、一定の「裏付け」を持った「論拠」によって「主張」が作られる議論の過程では、多くの場合、「反駁」を受けます。そして、その「反駁」も多くの場合、一定のコンテクストの中で生み出されているということを忘れてはなりません。

　では、具体例をあげて検討してみましょう。それには、さきにトゥールミンがあげていたスウェーデン人の例を使うことにしましょう。つまり、「Xはスウェーデン人である。スウェーデン人はふつうカトリックではない。だからXはカトリックではない」という議論です。あらかじめ図解しておきましょう。

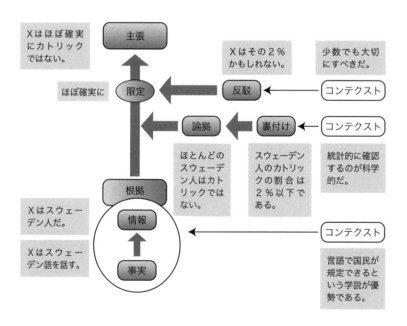

根拠（データ）

　「Xはスウェーデン人である」というのは一つの「情報」です。それはなんらかの「事実」に基づいて出てくる「情報」です。この場合の「事実」は、たとえば、「Xはスウェーデン語を話す」という「事実」のはずです。しかし、このような「事実」→「情報」には、「言語によって国民を規定するのが普通である」という「コンテクスト」が背後にあるのです。ところが、この「コンテクスト」は、たかだか19世紀の中ごろからヨーロッパで生まれたもので、いまでも万能ではないかもしれません。深いクリティカル・シンキングは、この「コンテクスト」をも検討の対象にする必要があるのです。

裏付け

　「Xはカトリックではない」という命題を出す場合、「ほとんどのスウェーデン人はカトリックではない」ということが「論拠」になっていて、その「裏付け」は、「スウェーデン人のカトリックの比率は2％以下である」となります。しかしこの「裏付け」は、その背後に、「統計的に確定するのが科学的である」という「コンテクスト」を持っているのです。しかしもっと深いクリティカル・シンキングをする場合には、「ひとの宗教心を図るのに統計でどこまできちんと計れるのだろうか」という「コンテクスト」への疑問も、コンテクストへのコンテクストとして出てくるのです。

反駁

　「Xはカトリックではない」という命題にたいして、「Xはその2％かもしれない」という「反駁」を想定して、「Xはほぼ確実にカトリックではない」という「限定」を加えたのですが、この「反駁」は、「少数でも大切にすべきだ」という「コンテクスト」を背後に持っているのです。このような考え方は、20世紀後半になって重要視されるようになった考え方と言って良いでしょう。こうして、議論は最終的な「限定」が

付けられて、「Xはほぼ確実にカトリックではない」ということになります。これらの「コンテクスト」を組み込んで命題を考えると、次のようになります。

　　　Xは、「言語によって国民を規定するのが普通である」という「コンテクスト」を考えると、スウェーデン人である。「統計的に確定するのが科学的である」という「コンテクスト」を考えると、スウェーデン人の２％しかカトリックではない。だからXは、「少数でも大切にすべきだ」という「コンテクスト」を考えると、カトリックの場合についても想定して、「ほぼ確実にカトリックではない」と言って良い。

　しかし、私たちは日常的な場面では、ここまで厳密に深いクリティカル・シンキングが求められることは少ないでしょう。ただ、いざという時に備えて、議論などで結論を出す場合には、暗黙の「前提」というコンテクストがあること、その前提とは具体的には何なのか、について意識化し、頭の中で整理しておくことも必要だと思われます。

　次に、コンテクストの重要さを物語る例を、ドリルで検討しましょう。

ドリル

トゥールミン・モデルにコンテクストを加えてみよう

トピック　第９条の漫画

2016年11月6日の『東京新聞』に次のような記事が出ました。

小学館の人気学習漫画『日本の歴史』(1981年刊行)は、1946年1月24日に、時の首相の幣原喜重郎が連合国軍最高司令官マッカーサーと会談して、新しい憲法について話した際のことを、一コマ漫画にしています。1993年の版までは、「戦争放棄」を憲法に盛り込むことを、幣原が申し立て、マッカーサーがそれを受け入れたということにしていました。しかし、1994年に出た版では、「戦争放棄」はマッカーサーが言いだしたことに変更されているのです。一コマ漫画を拡大すると、このようになります。

（変更前）

（変更後）

出典：学習まんが『少年少女日本の歴史　第20巻』（小学館）

　このことから次のような議論が考えられます。「戦争放棄」をマッカーサーが言いだしたという新しい版は、新しい研究成果に基づいたものであろうから、正しいのだろう。これをもとに考えるならば、「戦争放棄」はマッカーサーによって「押しつけられた」ものになるという議論です。これをトゥールミン・モデルに当てはめると、ステップ1では次の図のようになります。

▶ステップ1

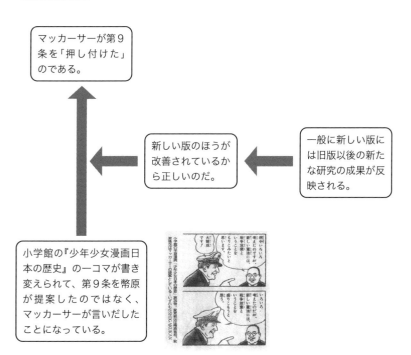

マッカーサーが第9条を「押し付けた」のである。

新しい版のほうが改善されているから正しいのだ。

一般に新しい版には旧版以後の新たな研究の成果が反映される。

小学館の『少年少女漫画日本の歴史』の一コマが書き変えられて、第9条を幣原が提案したのではなく、マッカーサーが言いだしたことになっている。

出典：学習まんが『少年少女日本の歴史　第20巻』（小学館）

71

この議論は、どのようなコンテクストの中で行われているでしょうか。
コンテクストの i と ii に、次の a 〜 c の中から適切なものを選んで入
れましょう。

a 「戦争放棄」の第9条は自主的な選択か、押しつけかが争われている。

b 新しい研究成果や新しい史実が出てくると、それに対応して修正
するのが当然である。

c 現代史は常に政治的な含意を持っている。

マッカーサーが第9
条を「押し付けた」
のである。

新しい版のほうが
改善されているか
ら正しいのだ。

一般に新しい版
には旧版以後の
新たな研究の成
果が反映される。

ii

小学館の『少年少女漫
画日本の歴史』の一コ
マが書き変えられて、
第9条を幣原が提案し
たのではなく、マッ
カーサーが言いだした
ことになっている。

i

出典：学習まんが『少年少女
日本の歴史　第20巻』(小
学館)

解答例

　コンテクストを入れると、おそらく次のようなモデルになるでしょう。「第9条を……マッカーサーが言いだしたことになっている」という事実（「根拠」）の指摘は、「戦争放棄」の第9条が、自主的な選択か、それとも押しつけかが争われている、という文脈で意味を持つものです。また「一般的に、新しい版には新たな研究成果が反映される」という「裏付け」は、「新しい研究成果や新しい史実が出てくると、それに対応して修正するのが当然である」という文脈があるから意味を持つものなのです。ですから、iにはa、iiにはbが入ります。

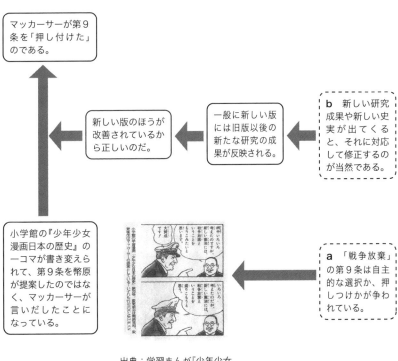

マッカーサーが第9条を「押し付けた」のである。

新しい版のほうが改善されているから正しいのだ。

一般に新しい版には旧版以後の新たな研究の成果が反映される。

b　新しい研究成果や新しい史実が出てくると、それに対応して修正するのが当然である。

小学館の『少年少女漫画日本の歴史』の一コマが書き変えられて、第9条を幣原が提案したのではなく、マッカーサーが言いだしたことになっている。

a　「戦争放棄」の第9条は自主的な選択か、押しつけかが争われている。

出典：学習まんが『少年少女日本の歴史　第20巻』（小学館）

ステップ1の議論に対して、「この間に新しい歴史的事実や研究が出たわけではない」という「反駁」が考えられます。すると、ステップ2は次のようになります。

歴史的事実以外の理由で、マッカーサーが第9条を「押し付けた」と言おうとしているのかもしれない。

歴史的事実以外の理由があったのかもしれない。

この間に新しい歴史的事実や研究が出たわけではない。

新しい版のほうが改善されているから正しいのだ。

一般に新しい版には旧版以後の新たな研究の成果が反映される。

小学館の『少年少女漫画日本の歴史』の一コマが書き変えられて、第9条を幣原が提案したのではなく、マッカーサーが言いだしたことになっている。

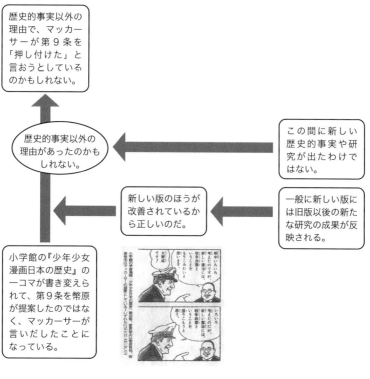

出典：学習まんが『少年少女日本の歴史　第20巻』（小学館）

> **Q** この「反駁」にはどのようなコンテクストがあるでしょうか。
>
> コンテクストのⅲに、次のa〜cの中から適切なものを選んで、入れましょう。
>
> a　事実に基づいた「主張」と、政治的な「主張」とを区別しなければならない。
>
> b　第9条問題というのは歴史的には説明できないのではないだろうか。
>
> c　何事もそのテーマについての最新の研究成果を調べることが大切である。

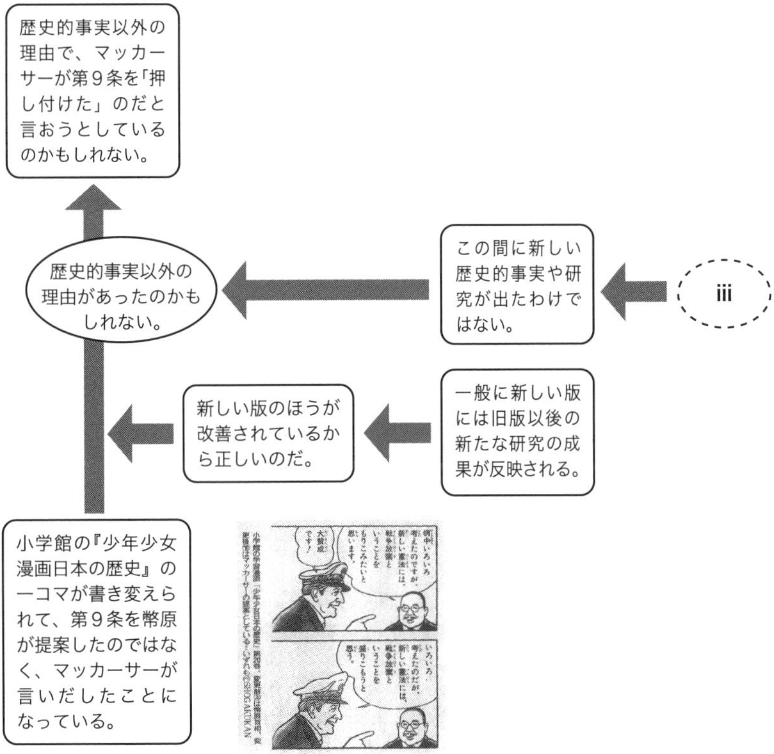

歴史的事実以外の理由で、マッカーサーが第9条を「押し付けた」のだと言おうとしているのかもしれない。

歴史的事実以外の理由があったのかもしれない。

この間に新しい歴史的事実や研究が出たわけではない。

ⅲ

新しい版のほうが改善されているから正しいのだ。

一般に新しい版には旧版以後の新たな研究の成果が反映される。

小学館の『少年少女漫画日本の歴史』の一コマが書き変えられて、第9条を幣原が提案したのではなく、マッカーサーが言いだしたことになっている。

出典：学習まんが『少年少女日本の歴史　第20巻』（小学館）

解答例

　コンテクストを入れると、たぶん次のようになるでしょう。ⅲに入るのはcです。「何事もそのテーマについての最新の研究成果を調べることが大切だ」というコンテクストがあるので、この「反駁」が出てくるのです。

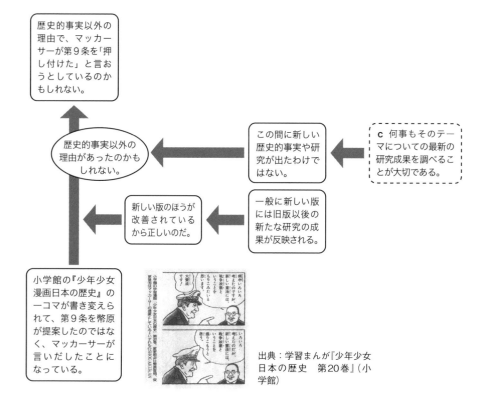

出典：学習まんが『少年少女日本の歴史　第20巻』（小学館）

　このように考えると、議論の深みがわかってきて、安易な「主張」は「限定」されてくることになります。

トピック　ペットとしての犬
....

「犬は人懐っこくて、感受性があって、訓練もしやすいし、人間にとって最高のペットである」という議論を、トゥールミン・モデルに当てはめてみると、どうでしょうか。この議論は、いろいろな「コンテクスト」に左右されたものであることが見えてきます。

まず、ステップ1はこうなります。

▶ステップ1

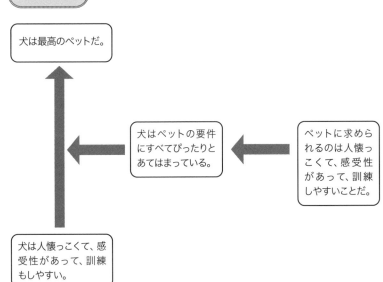

犬は最高のペットだ。

犬はペットの要件にすべてぴったりとあてはまっている。

ペットに求められるのは人懐っこくて、感受性があって、訓練しやすいことだ。

犬は人懐っこくて、感受性があって、訓練もしやすい。

Q この議論は、どのようなコンテクストの中で行われているでしょうか。コンテクストの i と ii に当てはまるものを、次の a 〜 d のうちから選んでみましょう。

a　ペットには猫や鳥などいろいろな動物があるけど、だんだんその性格がわかるようになってきた。

b　ペットは人間を守ってくれるペットがいい。

c　ペットはやはり人間に従順で癒してくれるペットがいい。

d　ペットは人間にとって邪魔にならないペットがいい。

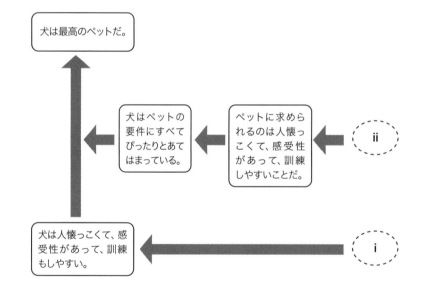

解答例

　おそらくこのような「コンテクスト」になるでしょう。「犬は人懐っこくて、感受性があって、訓練もしやすい」という「根拠」は、いろいろなペット動物の性格がわかるようになってきたから、考えうるデータなのです。また、「ペットに求められるのは人懐っこくて、感受性があって、訓練しやすいことだ」という「裏付け」も、「ペットはやはり人間に従順で癒してくれるペットがいい」という社会的通念があってのことでしょう。したがって、ⅰにはa、ⅱにはcが入ります。

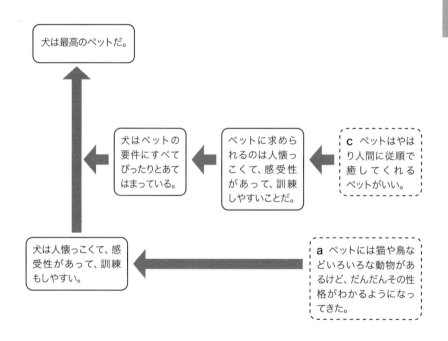

　ステップ1の議論には「反駁」が考えられます。それは、「犬は人懐っこすぎ、従順すぎて面白くない」といったものになるでしょう。

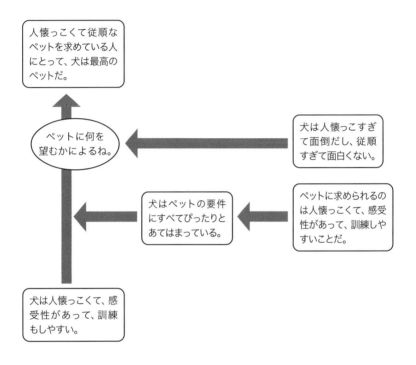

Q この「反駁」にはどのようなコンテクストがあるでしょうか。コンテクストのⅲに当てはまるものを、次のa～cの中から選んでみましょう。

a　気位の高いペットこそが価値があるのだ。

b　仲間よりも個を大切にする社会が広がっている。

c　わがままなペットがいい。

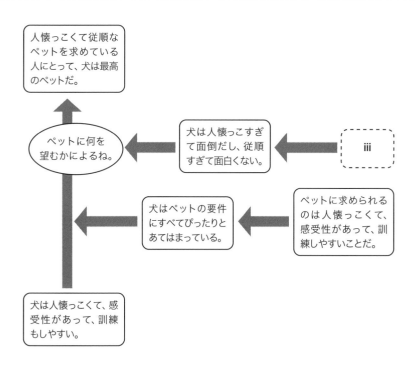

解答例

　おそらくこのようなコンテクストになるでしょう。「犬は人懐っこすぎて面倒だし、従順すぎて面白くない」という「反駁」は、われわれ人間の世界において、暗黙の風潮として、次のような考え（コンテクスト）があるのかもしれません。「仲間よりも個を大切にする社会、つまり、ひとの指示に従って言われたとおりに行動するよりは、もっと個人の意思を尊重して、思うままに行動した方が良い」という風潮が広がっているという背景のもとで意味を持つものと思われます。したがって、ⅲにはｂが入ります。

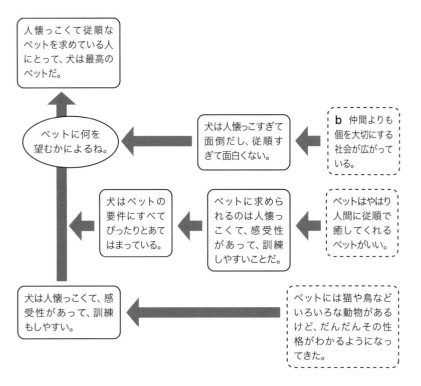

　こうして、コンテクストを意識すると、議論の背景がわかったうえで、考えていくことができます。

第5章 さまざまなトピックをトゥールミン・モデルで考えてみよう

　ここでは、トゥールミン・モデルを使ったクリティカル・シンキングの例をいくつか示してみましょう。まず、議論をトゥールミン・モデルに分解すること自体がクリティカル・シンキングですが、さらに、モデルの各構成要素について批判的に考えることが、次のクリティカル・シンキングになるのです。

トピック　原発はクリーンなエネルギーか

状況

　20世紀の末から地球環境への関心が高まり、特に地球温暖化への警戒が強くなりました。そして、地球温暖化の重要な要因として、二酸化炭素の排出が注目されました。その中で、2000年代には、二酸化炭素を排出しないという理由から、世界中で原子力発電所がどしどし作られたのでした。その時のスローガンは次のようなものでした。「原子力発電(以下原発)は地球環境にやさしいクリーンなエネルギー源である。だから原発を促進しよう。」

議論

　このスローガンをクリティカルに検討してみましょう。一見、このスローガンでは、「原子力発電は地球環境にやさしいクリーンなエネルギー源である」が「根拠」で、「原発を促進しよう」が「主張」のように思えます。「論拠」は明言されていませんが、「地球環境にやさしいクリーンなエネルギー源は歓迎すべきだから」となります。しかし厳密には、「原発は地球環境にやさしいクリーンなエネルギー源である」という命題自体もクリティカルに検討されなければなりません。つまり、「原発は二酸化炭素を排出しない(根

拠）。だから地球環境にやさしいクリーンなエネルギー源である（主張）」とい
う論理をはじめに確定しておけば、「だから原発を促進しよう」という「主
張」も筋がとおったものになるはずです。

モデル化

　では、「原発は二酸化炭素を排出しない。だから地球にやさしいクリーン
なエネルギーである」という論理を、トゥールミン・モデルに当てはめてみ
ましょう。「原発は二酸化炭素を排出しない」ということが、「根拠」にな
ります。そして、「二酸化炭素を排出しないエネルギーはクリーンで地球環
境にやさしい」という「論拠」があって、だから、「原発は地球にやさしい
クリーンなエネルギーである」という「主張」が出てきます。この「論拠」
には、その「裏付け」として、「二酸化炭素は地球温暖化を招く」という議
論が設定されています。「二酸化炭素は地球温暖化を招く」という説には異
論もあるようですが、大方において認められていると考えていいでしょう。
トゥールミン・モデルで図解してみると、次のようになります。

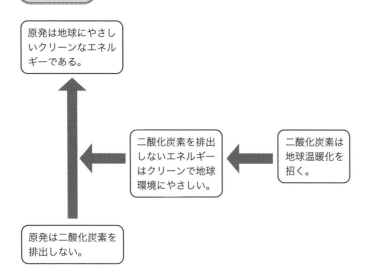

▶ステップ1

原発は地球にやさしいクリーンなエネルギーである。

二酸化炭素を排出しないエネルギーはクリーンで地球環境にやさしい。

二酸化炭素は地球温暖化を招く。

原発は二酸化炭素を排出しない。

　ところで、「二酸化炭素を排出しないエネルギーはクリーンで地球環境に
やさしい」という「論拠」によって、「原発は地球にやさしいクリーンなエ
ネルギーである」と「主張」すると、次のような「反駁」が聞こえてきま
す。|原発は、二酸化炭素は排出しないとしても、ほかの面で地球に有害な
影響を与えるのではないか」。「有害な影響」には、「使用済み核燃料の処理
ができていない」ことや「事故の際の核物質の飛散」などいろいろとありま
す。原発は、危険を伴い、事故の際には大量の放射線をまき散らし、さらに
廃棄物を処理しにくいという意味で、「クリーン」ではないはずです。そこ
で、この「反駁」を加味すると、どういう「主張」が出てくるでしょうか。
図解してみましょう。

▶▶ ステップ2

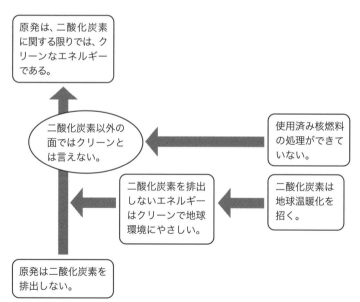

　このように、「原発がクリーン」なのは限定的になってきます。そうする
と、当初のように、「原発は地球環境にやさしいクリーンなエネルギーであ

る。だから原発を促進しよう」とは、言えなくなります。そうではなくて、「原発は、二酸化炭素に関する限り、地球にやさしいクリーンなエネルギーである」となります。したがって、「だから、原発を促進しようとは断言できない」となるはずで、「限定的な主張」しか出てこないのです。

トピック　水鳥——環境テロのフセイン

状況

　1991年の湾岸戦争のとき、油にまみれた水鳥の写真が報道され、イラクのフセイン政権がクウェートのタンカーを爆破したために流れ出た油によって環境が汚染されたのだとされ、そのような「環境テロ」をも実行するようなフセイン政権は打倒しなければならないと宣伝されました。しかし、その後、タンカーを爆破したのは、アメリカ軍であったことが判明しました。このように写真の使われ方についても、クリティカル・シンキングが必要なのです。

議論

　まず、「フセイン政権を打倒すべきだ」という「主張」の論理をトゥールミン・モデルに当てはめてみましょう。この場合、「クウェートのタンカーが爆破されたために流れ出た油に水鳥がまみれてしまっている」という議論の「根拠」(事実)自体の検証が必要です。すると、ステップ1は次のようになります。

　「論拠」は「フセイン政権がタンカーを爆破した」です。だから、「環境テロを辞さないフセイン政権は打倒しなければならない」という「主張」になるわけです。「論拠」への「裏付け」としては「イラクが無差別に石油施設を攻撃している」ことが挙げられます。これを図解すると次のようになります。

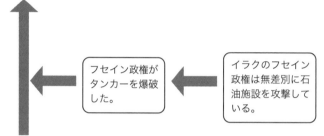

出典：ゲッティイメージズ

　この「主張」、「環境テロを辞さないフセイン政権は打倒しなければならない」に対する「反駁」を加えてみると、ステップ2のようになります。「論拠」に関して、タンカーを攻撃したのは誰なのかは、この写真が掲載された時には証明されていないのですから、次のような「反駁」が考えられます。「だれがタンカーを爆破したのかは、まだよくわかっていないではないか」。

　この「反駁」を受けて、「タンカーを爆破したのはフセイン政権かどうかをよく確認したうえで」という「限定」が必要になります。

　その結果、ステップ2の「主張」は次のようになります。「フセイン政権が爆破したと確認できるまでは、「環境テロ」がゆえにフセイン政権を打倒すべき、とは言えない」。あるいは、「フセイン政権がタンカーを爆破したと確定できた場合は、「環境テロ」としてフセイン政権を打倒すべきだ」。

▶▶ ステップ2

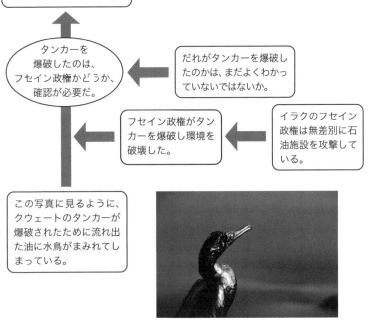

フセイン政権が爆破したと
確認ができるまでは、「環境
テロ」がゆえにフセイン政権
を打倒しなければならないと
は言えない。

タンカーを
爆破したのは、
フセイン政権かどうか、
確認が必要だ。

だれがタンカーを爆破し
たのかは、まだよくわかっ
ていないではないか。

フセイン政権がタン
カーを爆破し環境を
破壊した。

イラクのフセイン
政権は無差別に石
油施設を攻撃して
いる。

この写真に見るように、
クウェートのタンカーが
爆破されたために流れ出
た油に水鳥がまみれてし
まっている。

出典：ゲッティイメージズ

　このように、クリティカル・シンキングを使うと、「主張」としては、
「「環境テロ」がゆえにフセイン政権を打倒しなければならないとは言えな
い」、となり、判断の停止を求めることになりますが、それは実に大事なこ
となのです。

88

トピック　新型コロナウイルス

状況

　新型コロナウイルスCOVID-19が世界各地に広がった2020年の春、日本のある大学教授が、新型コロナウイルスは高温多湿と紫外線に弱いので、夏には下火になるだろうと発言しました。これはこの教授一人の発言ではなく、当時のトランプ大統領や学術論文のいくつかもそういう説を採っていました。それを受けて、夏までの辛抱だ、夏になれば新型コロナウイルスから解放されるという期待が広がりました。しかし、これは証明されていないことが判明し、WHOなどは、次のように、「暑くて太陽の出る天気のもとでもウイルスにかかるのだ」という警告をあらためて発したのでした。

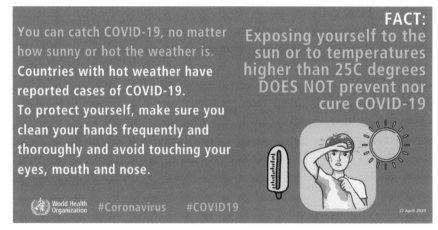

出典：mb-sun-exposure.png (1024×512) (who.int)

議論

　そこで、「日本のある大学教授が、「新型コロナウイルスは高温多湿と紫外線に弱いので、夏には下火になるだろう」と発言したので、夏には下火になるだろう」という議論を、トゥールミン・モデルに当てはめて考えてみましょう。

　まずは、「日本のある大学教授が、新型コロナウイルスは高温多湿と紫外線に弱いので、夏には下火になるだろうと発言した」というのが、「根拠」(データ)になります。そして、「トランプ大統領や学術論文のいくつかもそういう説を取っている」ということが「裏付け」となり、「専門家の大学教授が言うことだから(論拠)」「夏場には下火になるだろう」という「主張」になります。

　本来ならば、「新型コロナウイルスは高温多湿と紫外線に弱い」という事実を「根拠」にできれば良いのですが、それが事実かどうかは私たちにはわからないため、「発言」したという事実しか得られていません。

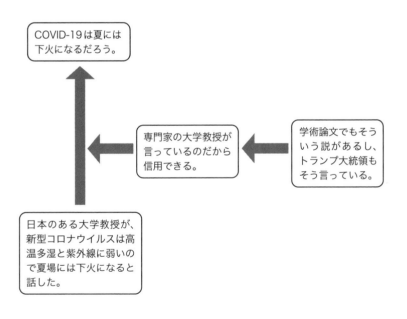

▶▶ステップ2

　しかし、この議論には「反駁」が出てきます。それは「新型コロナウイルスは高温多湿と紫外線に弱くはないという研究があり、WHOもそういう警告をしている」ということ、「実際、高温多湿の東南アジアやアフリカでも感染が広がっている」ということなどです。そのような「反駁」を受けて、どういう「限定」を付けるかですが、「断定はできない」ということになります。

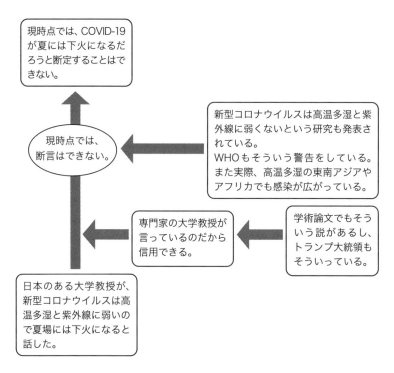

　ここでも、クリティカル・シンキングを使って「反駁」を考えると、安易な判断を抑えることができます。

　以上、三つのトピックを材料にして、トゥールミン・モデルを使ったクリティカル・シンキングの例を見てきました。次に、ドリル形式で練習をしてみましょう。

第5章　さまざまなトピックをトゥールミン・モデルで考えてみよう

ドリル

トゥールミン・モデルをうまく適用しているでしょうか

トピック　スマホ依存

> **Q**　「スマホ依存者が増加しているから、スマホを持つ年齢に制限を加えるべきである」という議論について、ある学生が次のようにトゥールミン・モデルを使って分析し、ステップ1を作りました。これはトゥールミン・モデルの適用として妥当でしょうか。

▶ステップ1

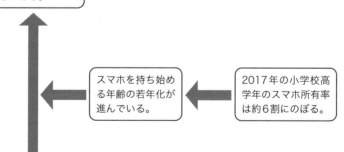

解説

　このモデルの妥当性について考えてみましょう。この学生は、「スマホ依存者が増加しているので（根拠）、スマホを持つ年齢に制限を加えるべきである（主張）。なぜなら、スマホを持ち始める年齢の若年化が進んでいるから（論拠）」と説明しています。これは正しい議論でしょうか。この場合、「スマホを持ち始める年齢の若年化が進んでいる」というのはスマホを持つ年齢に制限を加えるという「主張」の「論拠」にはなりません。単に、「スマホを持つ年齢が若いから」というのでは理由にならないのです。「なぜ年齢制限を加えるべきか」という理由が示されていないからです。そこで、「根拠」をもう少し限定して、「小中高生にスマホ依存者が増えている」とし、「論拠」、「裏付け」、「主張」を次のモデルのように変更してみました。

解答例

　ステップ1の議論は、こうなるはずです。これをステップ1aとしましょう。

▶ステップ1a

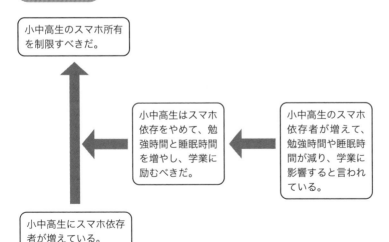

では次に、学生の考えたステップ2を見てみましょう。「反駁」と「限定」は妥当でしょうか。

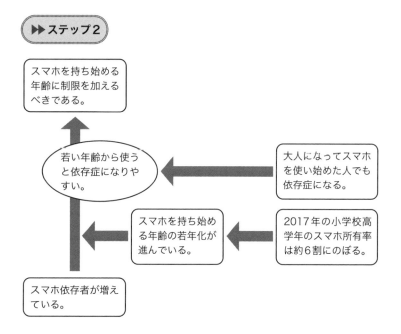

【解説】

　ここで出てくる「大人になってスマホを使い始めた人でも依存症になる」というのは、何に対する「反駁」でしょうか。「スマホを持ち始める年齢の若年化が進んでいる」という「論拠」に対する「反駁」ではないですし、「スマホ依存者が増えている」という「根拠」への「反駁」でもありません。

解答例

　そこで、ステップ1aに戻って、改めてステップ2aを考えると、以下のようになります。結論は、単純にスマホ利用に「年齢制限」を考えることではなく、スマホの使い方を考えてはどうかいうことになります。

▶▶ ステップ2a

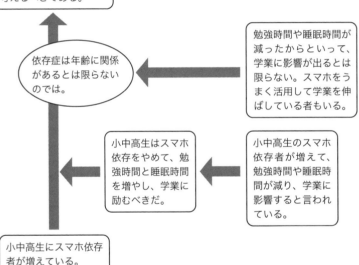

第6章 フェイク・ニュースを撃退しよう

　第1章で触れたような「ポスト真実」の考えや「フェイク・ニュース」を撃退するには、トゥールミン・モデルを使ったクリティカル・シンキングが役に立ちます。トゥールミン・モデルを使って議論を分析し、「根拠」に始まって「主張」に至るまでの各構成要素のところで、立ち止まって疑問を提起してみると良いのです。

▶ステップ1

Claim
（主張）

正しい論理で
導かれているか

この論拠は正しいか

この裏付けは妥当か

Warrant
（論拠）

Backing
（裏付け）

Data
（根拠）

この根拠（事実）
は確実か

　ステップ1を考えてみましょう。

　まず、議論の出発である「根拠」になっている「事実」について、「この事実は確実かな」と疑問をもって検討する必要があります。間違った「事実」、あるいは確実ではない「事実」、さらには誇張や歪曲した「事実」を出発点にしている議論は、フェイク・ニュースそのものなのです。

　次に、この「事実」を基に何らかの「論拠」をもって「主張」をしていく際に、「論拠」が正しいのかどうか、またその「論拠」を支えている「裏付け」が妥当なものかどうかを、批判的に検討する必要があります。フェイク・ニュースの場合、この「論拠」も「裏付け」も誇張や歪曲などが入って怪しいことが多いのです。

　そして最後に、導かれてくる「主張」が、正しい論理によって導かれているかどうかを点検する必要があります。強引な論理で、あるいは論理など無視して、「主張」が導き出されていることがあるものです。例えば、「根拠」を無視してしまっていたり、都合のよい実例を持ってきたりしていることがあるのです。

　一定の「根拠」に基づいて、一定の「論拠」によって、「だから」こういう「主張」が出るのだという論理のプロセスが、どこかで崩されていることが多いのです。自分の言いたい「主張」がまずあって、それに使えそうな「根拠」や「論拠」をあとから持ってくるという議論のしかたに、十分注意しましょう。

▶▶ ステップ2

　ステップ2は、ステップ1の議論に「反駁」を加えて、「主張」に一定の「限定」を与えるものです。ここでは、フェイク・ニュースを撃退するには、この「反駁」が妥当な反駁なのか、誇張や歪曲などがないかどうか検討する必要があります。とくに、何について「反駁」しているのかを確認することが大切です。「論拠」なのか「裏付け」なのか、ひょっとして「根拠」なのか。こういう確認をすると「反駁」が妥当かどうかがわかることがあります。

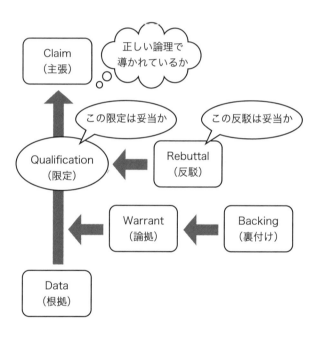

▶▶▶ ステップ3

　さらに進めて考えると、「事実」や「裏付け」や「反駁」がどういう「コンテクスト」において打ち出されているのかを、検討する必要があります。

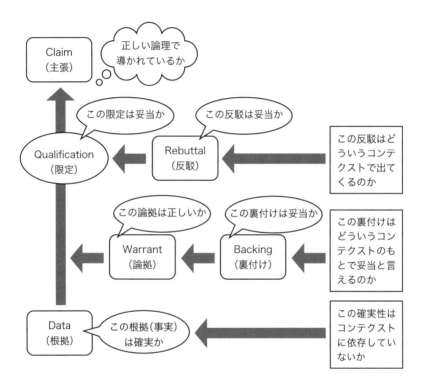

　上の図で示したような問題意識を持って臨まないと、「コンテクスト」のせいで誇張されたり歪曲された命題でも、本当のように通用してしまうことがあるのです。「根拠」とされている「事実」だけでなく、「裏付け」や「反駁」は、一定のコンテクストのもとでのみ妥当なのではないかということを、問い続けることが必要なのです。

　このような手続きを取るならば、フェイク・ニュースは必ず「撃退」できるはずです。このすべてでなくても良いのです。このうちの1、2個所の検討をするだけでも、フェイク・ニュースは「撃退」できるはずです。

ドリル

どこがフェイクか探してみよう

トピック 進化論漫画
·····················

議論

　憲法改正を主張する政党が、次のような4コマ漫画で、憲法改正の必要性を説明しました。この4コマの話の議論の進め方を検討してみましょう。

進化論

1コマ　「わたしはもやウィン
　　　　　ダーウィンの進化論ではこういわれておる」

2コマ　「最も強い者が生き残るのではなく
　　　　　最も賢い者が生き延びるのでもない」

3コマ　「唯一生き残ることが出来るのは
　　　　　変化できる者である」

4コマ　「これからの日本をより発展させるために
　　　　　いま憲法改正が必要と考える」

出典：https://www.jimin.jp/
kenpou/manga/first/

これをトゥールミン・モデルに当てはめてみると、次のようになります。

日本をより発展させる
ためには、いま憲法改
正が必要と考える。

憲法を変えるとい
う変化ができない
と生き残れない。

憲法改正を支持する
人たちは変化をしよ
うという人たちであ
り、憲法改正に反対
の人たちは変化を恐
れているのだ。

ダーウィンの進化論では最も
強い者が生き残るのでもな
く、最も賢い者が生き延びる
のでもなく、唯一生き残るこ
とが出来るのは変化できる者
であると言われている。

Q　この論理の進め方の中で、どこにフェイクがあるでしょうか。

解答欄

　「根拠」そのものがフェイクなのです。ダーウィンは「唯一生き残ること
が出来るのは変化できる者のみである」ということを言っているのではあ
りません。ダーウィンはその『種の起原』(1859年)において、すべての種は、
「自然選択(淘汰)」の過程を経て、「生活条件になにかの面でより適した個体
は、どんな個体でも、あまり適さなかった個体よりも、数多く生き残った」
と述べたのです(『世界の名著 ダーウィン』中央公論社、1967年)。つまり「変化」で
きたかどうかではなくて、「生活条件」に「適していた」かどうかで、「自然
選択」が行われてきたと言ったのです。

　なお、「裏付け」と「論拠」の関係も必然性がありません。「憲法を変える
という変化ができない」と、なぜ「生き残れないか」が不明で、それが「裏
付け」から説明されていないのです。このように、論理的でなく何となく感
情に訴えるような議論も、広い意味ではフェイクかもしれません。

トピック　移民と犯罪

議論

　「移民は犯罪に走りやすいから、移民は禁止すべきである」という議論が
よく聞かれます。これをトゥールミン・モデルに当てはめると、次のように
なります。

　まず、「根拠」について考えてみましょう。「移民は犯罪に走りやすい」
は、事実として確定することはできません。なぜなら、これは単にひとつの
「判断」であって事実ではないからです。「根拠」となり得るのは、例えば、
「ある犯罪の犯人を捕まえてみると移民であった」という事実です。そこで、
ここではこれを「根拠」にして考えてみましょう。次に「裏付け」と「論
拠」ですが、「移民は経済的に貧しく、政治的にも孤立しがちで、生活が不
安定なことが多い」(裏付け)から、「移民は容易に犯罪にはしる」(論拠)として

います。そして、「だから」、「移民は禁止すべきである」という「主張」が
出てきています。

　これをトゥールミン・モデルに当てはめてみると、次のようになります。

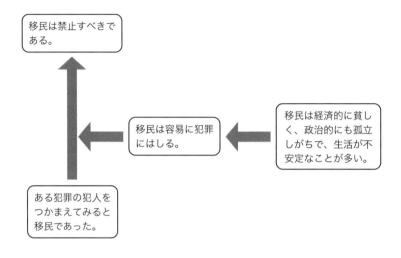

> **Q**　このモデルのどこにフェイクがあるでしょうか。

解答欄

　ここでフェイクなのは、「移民は容易に犯罪にはしる」という「論拠」のところです。最近の統計の結果をみると、「不法移民の数の増加と犯罪の数の増加には関係が見られない[12]」ということになっています。これを考えると、次のようになるはずです。新しい「主張」は「移民は犯罪にはしるから禁止すべきであるとは言えない」ということになります。

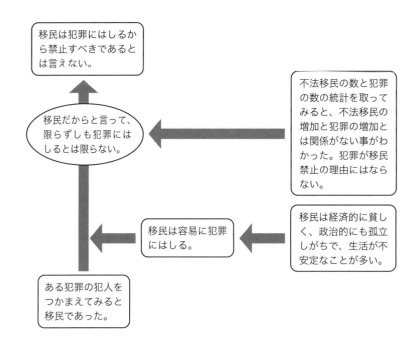

　以上、第一部では、クリティカル・シンキングとはどういうことか、クリティカル・シンキングのためにトゥールミン・モデルがどのように使えるのか、その効果はどうかといった点について検討してきました。第二部では、いろいろなトピックを使って、実践してみましょう。

12　https://globe.asahi.com/article/12436525

第二部

クリティカル・シンキング
を実践しよう

第1章 「根拠」に関するクリティカルな眼

　第一部では、クリティカル・シンキングのためにトゥールミン・モデルがどのように使えるのか、その理論的な説明を実例を交えて進めてきました。トゥールミン・モデルに少し慣れてきたと思います。

　そこで、第二部では、様々なトピックを使いながら、いろいろな形でトゥールミン・モデルを駆使し、実践的にクリティカル・シンキングを学んでもらえるようにしてみました。以下の各節では、トゥールミン・モデルの各構成要素に合わせてドリルを配置しました。「根拠」、「論拠」、「裏付け」、「反駁」、「限定」と「主張」の順に、それぞれの要素について、批判的に考える練習をしてみましょう。

　まず、トゥールミン・モデルでも、議論の出発点となる「根拠」がしっかりとしていないと議論としては不毛になります。その「根拠」は「事実」と同義であるといってもいいでしょう。「事実」というのは出来事についてであったり、観念についてであったりしますが、いずれにせよ、批判されない、疑いようのない「データ」として得られるものです。この「根拠」を、しっかりした命題とすることは意外に難しいのです。とくに、「事実」と「意見」や「判断」とを区別しなければなりません。その点に留意して取り組んでみてください。

トピック　高校生のアルバイト

議論

　最近、「高校生の多くがアルバイトをしているが、アルバイトをしていると家での予習・復習はできない。高校では勉強をすべきだから、高校生のアルバイトは禁止すべきである」という議論をよく耳にします。

> **Q**　この議論を下記に示したトゥールミン・モデルに従って考えてみましょう。「論拠」、「裏付け」、「主張」を入れてみました。では、「根拠」となり得る文を、次のa～dの中から選びなさい。
>
> 　a　高校生の多くがアルバイトをした経験があると言っている。
> 　b　ある統計では定期的なアルバイトをしている高校生は約3割である。
> 　c　教室では皆がアルバイトの話をしている。
> 　d　クラスではアルバイトをしていないと肩身が狭い。

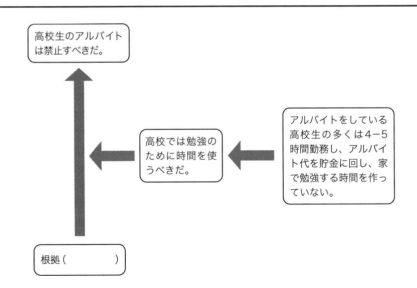

ヒント

定期的にアルバイトをしている高校生の割合をしっかりと示しているものが「根拠」として妥当です。

解答例

するとステップ1はこうなります。

▶ステップ1

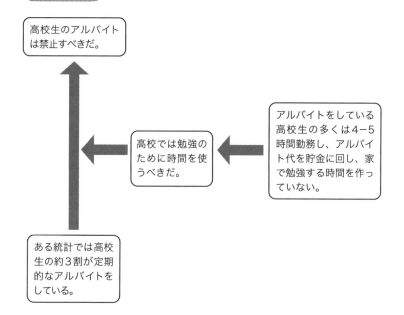

高校生のアルバイトは禁止すべきだ。

高校では勉強のために時間を使うべきだ。

アルバイトをしている高校生の多くは4−5時間勤務し、アルバイト代を貯金に回し、家で勉強する時間を作っていない。

ある統計では高校生の約3割が定期的なアルバイトをしている。

▶▶ステップ2

　「根拠」を確定して、ステップ1のモデルを作りました。ステップ2では「反駁」も加えて考えてみましょう。すると、「高校では勉強のために時間を使うべきだ」という「論拠」はわかりますが、やはり家計を支えるためにどうしてもアルバイトをしなければならないという「反駁」も考えられます。こういうことを考慮すると、ほぼ妥当な議論は次のようになります。

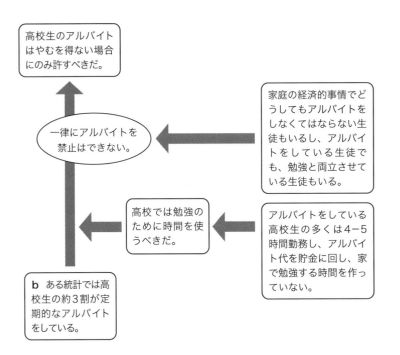

トピック　ブッシュ大統領とイラク戦争

状況

2003年3月に、時のアメリカ合衆国大統領ジョージ・W・ブッシュは、以下の理由を第一に掲げて、イラクに軍事攻撃を行いました。次の文は2002年10月に行われたブッシュ大統領の演説の一部です。

> 世界にはたくさんの危険がありますが、イラクの脅威は抜きんでているのです。なぜならば、イラクはわれわれの時代の最も重大な危険を一か所に集中しているからです。イラクの大量破壊兵器は一人の残忍な圧政者によって支配されており、その圧政者はすでに何千人もの人々を殺すために化学兵器を使用したことがある人物なのです。[13]

このようにブッシュ大統領は、イラクの圧政者サダム・フセイン大統領が大量破壊兵器を保有しているから、イラクを軍事攻撃してフセインの体制を破壊しなければならないと言ったのです。こういう論理に基づいて、アメリカ合衆国は、イギリスや日本などの支援を受けながら、ロシア、中国、フランスなどの反対を押し切って、イラクに対する軍事攻撃を実行し、フセイン体制を崩壊させました。

13　President Bush Outlines Iraqi Threat, Office of the Press Secretary, October 7, 2002
http://georgewbush-whitehouse.archives.gov/news/releases/2002/10/20021007-8.
html

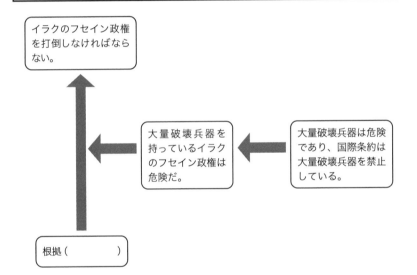

Q 元大統領の論理を、下記に示したトゥールミン・モデルに当てはめて、「フセインの政権を打倒しなければならない」という「主張」をする時、どのような「根拠」があればいいですか。次のa〜cの中から選びなさい。

a　フセインはイラクの圧政者である。

b　ブッシュ大統領はフセイン政権を好まない。

c　フセイン政権のイラクは大量破壊兵器を保有している。

イラクのフセイン政権を打倒しなければならない。

大量破壊兵器を持っているイラクのフセイン政権は危険だ。

大量破壊兵器は危険であり、国際条約は大量破壊兵器を禁止している。

根拠（　　　　）

ヒント

「圧政者である」というのは、「意見」です。「好まない」というのは個人の「判断」です。「根拠」には、主観的な「意見」や「判断」ではない客観的なデータが必要です。

おそらく次のような論理になるでしょう。これをステップ1aとします。

▶ステップ1a

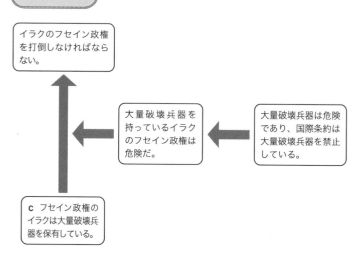

状況2

　ところが、この場合、「イラクは大量破壊兵器を保有している」という「根拠」について考えると、その証拠は示されていません。ですから、それを示さねばなりません。

Q 「イラクは大量破壊兵器を保有している」という「主張」をする時、どのような「根拠」があれば良いですか。次のa〜cの中から選びなさい。

　a　衛星カメラでは、イラク国内に大量破壊兵器の収納場所と見られる施設が確認された。

　b　イラクの政府機関で働いていたイラク人科学者のA氏が、イラクは大量破壊兵器を保有していると証言した。

　c　さまざまな新聞にイラクは大量破壊兵器を保有しているとの報告が出ている。

ヒント

> 「収納場所と見られる」というのは判断です。
> 新聞報道をそのまま信用することはできません。何を「根拠」にしているのかを、さらに調べなければなりません。

第1章　「根拠」に関するクリティカルな眼

解答例　　「根拠」としてbを入れると、ステップ1bのモデルは次のようになります。A氏が証言したということは動かせない事実なのです。

▶ステップ1b

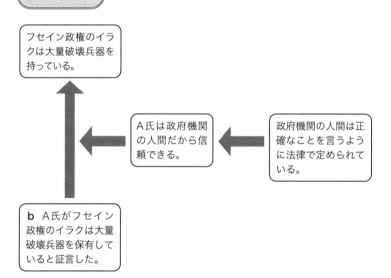

　こうして、ステップ1bで「主張」されたものが、先のステップ1aの「根拠」として位置づけられるのです。「根拠」をめぐって、二段階で論理が積みあげられたのです。しかし、このステップ1bの論理にも、「反駁」の余地があります。では次にステップ2で「反駁」も加えて考えてみましょう。

113

　「イラクは大量破壊兵器を持っている」という証言の中身そのものの検証がされているのかという問題があるのです。当時、IAEA(国際原子力機関)はイラクが大量破壊兵器を持っているかどうかは確認できないと報告していました。それはA氏の「主張」とは違っているのです。ですから、ここに「根拠」に対する「反駁」が起るはずです。

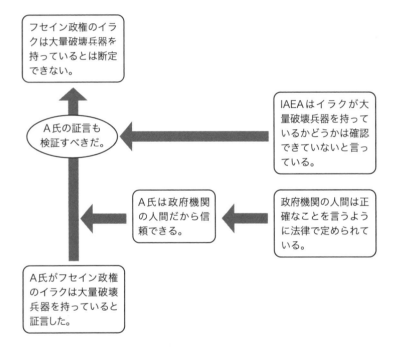

　IAEAの報告を考えると、「A氏の証言も検証すべきだ」という「限定」がつき、新しい「主張」は「イラクは大量破壊兵器を持っているとは断言できない」となるはずです。この「主張」が「根拠」となれば、ステップ1aでは別の論理が組立られるはずです。しかしながら、こういう「反駁」がないままに、A氏の証言がそのまま「根拠」として通用してしまったのです。

　しかし、時のブッシュ大統領がイラク攻撃の一番の理由として挙げていた大量破壊兵器は、イラクにはなかったことがのちに判明しました。イラクは大量破壊兵器を持っていると「証言」した人物A氏は、その後、自分の証言は事実ではないと言って、その言を取り消してしまったのでした。アメリカ合衆国でもイギリスでもイラク戦争開始の政治判断の検証が行われ、それが間違いであったという結論が出されました[14]。

　事実に基づかない理由を「根拠」にして、他国に軍事攻撃を行い、そこの政権を破壊するということは、歴史を振り返っても、少なくとも近代においては見られなかったことです。ブッシュ元大統領によるイラク攻撃は、アメリカ合衆国だけでなく、それを支持した日本を含め、世界の多くの国が犯した歴史的犯罪ともいうべきことかもしれません。いったいなぜ、私たちはこのような過ちを阻止できなかったのでしょうか。これにはいろいろな問題はありますが、最も重要なのは、ブッシュ元大統領の論理に対する批判的な思考がアメリカ合衆国においても、それを支持した国々においても十分ではなかったのではないかということです。

14　米国では2004年に中央情報局（CIA）主導の調査団が、翌年には独立調査委員会が、それぞれ情報収集の誤りを全面的に認める報告書を公表した（『毎日新聞』2016年7月8日号）。イギリスについては、2016年7月6日に独立調査委員会が当時のブレア政権の判断が間違っていたとする報告書を公表した（『毎日新聞』2016年7月7日号）。
　　英紙ガーディアン（Guardian）は、2011年2月15日、米国が2003年のイラク攻撃を正当化する根拠とした大量破壊兵器（WMD）に関する情報を提供したイラク人科学者が、サダム・フセイン（Saddam Hussein）大統領（当時）を失脚させるために嘘をついていたことを認めたと報じた（2011年2月16日 AFP）。

「論拠」に関するクリティカルな眼

　「論拠」は、一定の「根拠」に基づいて「主張」をする際の、議論の理由付けをするものです。こういう理由（「論拠」）があるから、「だから」こういう「主張」になるのだという流れをつくる、論理上重要な役割を果します。これがいい加減では、議論はなりたちません。議論において、どのような「論拠」が使われているのかを吟味することは、クリティカル・シンキングの重要な手続きなのです。

トピック　　成績と就職

議論

　ある学生が、「私は大学の成績が良いのだから、希望する会社には必ず受かると思うのです」と言っています。この時の学生の頭の中の論理をトゥールミン・モデルに構成してみましょう。

▶ステップ1

> **Q** この論理は、「学生Aは大学での成績が良いのだから、必ず良い会社
> に就職できる。なぜなら、会社は成績の良い学生を採用するからで
> ある」というものです。まず、ステップ1を考えてみましょう。何が
> 「根拠」で何が「論拠」となるでしょうか。その場合の「裏付け」は
> 何ですか。次の①〜④を埋めなさい。

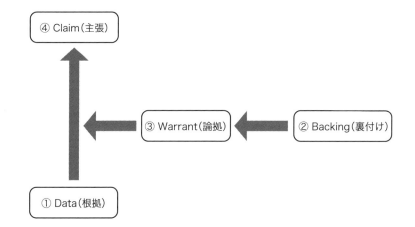

④ Claim（主張）

③ Warrant（論拠）　　② Backing（裏付け）

① Data（根拠）

ヒント

> 「論拠」は、「だから」こういう「主張」になるという流れをつ
> くります。

解答欄

① _____

② _____

③ _____

④ _____

答えはおそらく次のようになるはずです。

▶ステップ1

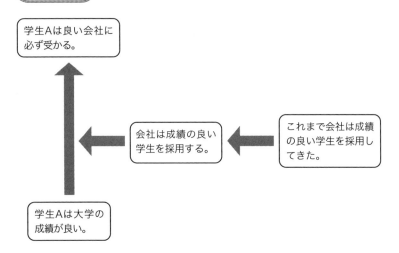

この場合、判断や意見ではなくて、確実な事実は「成績が良い」ということです。これが「根拠」です。「これまで会社は成績の良い学生を採用してきた」ことは、一般的な傾向ですので、「裏付け」になります。その上で、「会社は成績の良い学生を採用する」という「論拠」があって、「だから」「学生Aは良い会社に必ず受かる」という「主張」が導き出されています。

▶▶ステップ2

> **Q** ステップ1を別の角度から吟味すると、「論拠」に対する「反駁」の
> 余地が出てきます。「会社は成績だけでなく人物を重視することもあ
> る」という「反駁」です。これを加味すると、ステップ1の結論は
> 「限定」されてきます。そして、学生Aは、採用される可能性は高い
> が、そうとは言い切れないという「主張」になります。
> これを下の解答欄の⑤〜⑥、および④に書き入れてみましょう。

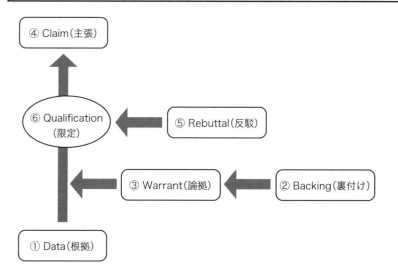

解答欄

⑤ _____

⑥ _____

④ _____

答えは、おそらく次のようになるでしょう。

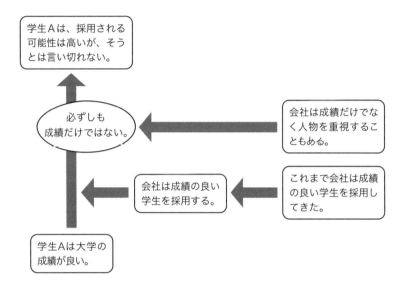

こうして「論拠」がしっかりしていないと、「反駁」を受け、「主張」を変更しなければならなくなります。

トピック　脱亜論

状況

　1885年、福沢諭吉が主宰する雑誌『東洋新報』に「脱亜論」という社説が無署名で掲載されました。これについては、ある高等学校用の教科書では下記のように記されています。

　　2回の事変(壬午軍乱と甲申事変)をへて、日本の朝鮮に対する影響力が著しく減退する一方、清国の朝鮮進出は強化された。同時に清国・朝鮮に対する日本の世論は急速に険悪化した。こうしたなかで、福沢諭吉が『脱亜論』(1885年)を発表した。それはアジアの連帯を否定し、日本がアジアを脱して欧米列強の一員となるべきこと、清国・朝鮮に対しては武力をもって対処すべきことを主張するもので、軍事的対決の気運を高めた。(『日本史B』山川出版社、2010年)

　この記述では、福沢諭吉が「脱亜論」を書いて発表したことになっています。しかし、一方では、福沢がこれを書いたのではないという説もあります。

議論

　そこで、「1884年の雑誌『東洋新報』に「脱亜論」という社説が出たが、これは福沢諭吉が書いたものである」という議論をトゥールミン・モデルで考えてみましょう。

Q 次の③「論拠」、②「裏付け」に当てはまる文はどれが良いですか。次
のa〜cの中から選びなさい。

a　福沢は主幹だから社説を書いていた。

b　『東洋新報』は福沢諭吉が主幹をしていた雑誌である。

c　福沢は頼まれて社説を書いた。

福沢諭吉が「脱亜論」
を書いた。

③（　　　）　←　②（　　　）

1884年(明治17年)の『東
洋新報』に無署名の社説
「脱亜論」が掲載された。

解答例

おそらく解答は次のようになるはずです。

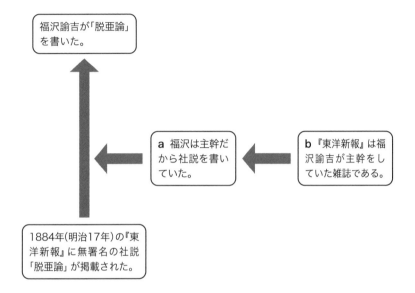

「福沢は主幹だから社説を書いていた」。「だから」、無署名であっても「脱亜論」は福沢が書いたのだということになっています。

▶▶ ステップ2

これに対する「反駁」を考えてみましょう。すると、「主幹がつねに社説を書いていたとは限らないではないか」という批判が考えられます。

次の⑤「反駁」、⑥「限定」、④「主張」に当てはまる文を、次のa～e
の中から選びなさい。

a　福沢の考えに合致する「脱亜論」が掲載された。

b　福沢のものと断定しないほうが良い。

c　考えは似ているが、福沢本人が書いたとは言えない。

d　福沢が書くはずがない。

e　やっぱり福沢が書いたものだ。

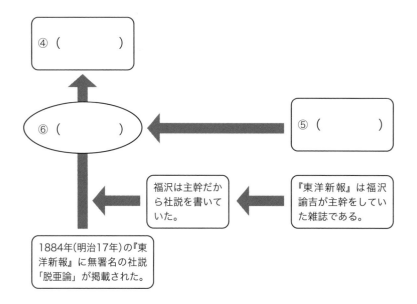

④（　　　　　）

⑥（　　　　　）

⑤（　　　　　）

福沢は主幹だから社説を書いていた。

『東洋新報』は福沢諭吉が主幹をしていた雑誌である。

1884年(明治17年)の『東洋新報』に無署名の社説「脱亜論」が掲載された。

解答例

おそらく解答は次のようになるはずです。

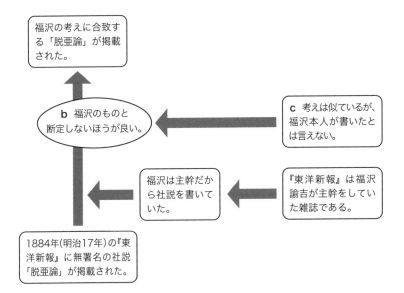

「考えは似ているが、福沢本人が書いたとは言えない」のではないかという「反駁」がありえます。すると「福沢のものと断定しないほうが良い」という「限定」がつき、「主張」としては、「福沢の考えに合致する『脱亜論』が掲載された」にとどまることになります。

　クリティカル・シンキングを使うと、「主張」のところでは判断をいったん保留するということになります。これは大事なことなのです。わからないことはわからないとしておく知的勇気が必要です。

第3章　「裏付け」に関するクリティカルな眼

　「根拠」をもとに一定の「論拠」によって議論をするとき、その「論拠」には一定の「裏付け」があるはずなのです。それは、法律であったり、統計であったり、学説であったり、世論調査の結果であったりします。そういう「裏付け」がしっかりしているかどうかをクリティカルに精査することが大切です。

トピック　死刑制度

状況

　死刑制度をめぐって、2019年11月に内閣府が発表した世論調査によると、「死刑もやむを得ない」と答えた人の割合は80.8％でした。これをもとに死刑制度は存続すべきであるという意見が支配的になっています。しかし、国際的な世論を見ると、2018年12月の国連では、死刑の執行停止を求める決議が、193か国中121か国の賛成で採択されました。また、現在のところ、えん罪を妨げることはできていないのが実情です。

議論

　そこで、「世論調査では、死刑もやむを得ないという声が80％を超えて多いから、死刑制度は存続すべきである」という議論を、トゥールミン・モデルで検討してみましょう。

▶ステップ1

> **Q** 「根拠」と「論拠」と「主張」は下の図のように配置することができます。では、「裏付け」のところにどのような文言を入れると良いでしょうか。次のa〜cの中から選びなさい。
>
> a　世論調査は尊重すべきだ。
>
> b　民主主義のもとでは、多数の意見に依拠していくのが良い。
>
> c　犯罪は厳しく処罰すべきだ。

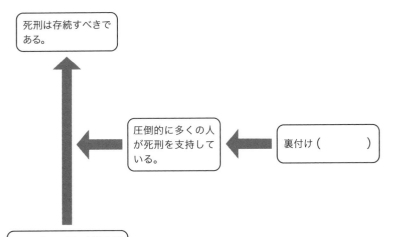

死刑は存続すべきである。

圧倒的に多くの人が死刑を支持している。

裏付け（　　　　）

2019年11月に内閣府が発表した世論調査によると、「死刑もやむを得ない」と答えた人の割合は80.8%であった。

　答えは、おそらく次のようになるでしょう。

　「圧倒的に多くの人が死刑を支持している」という「論拠」の背景には、「民主主義のもとでは、多数の意見に依拠していくのが良い」という考えが「裏付け」としてあります。「世論調査は尊重すべきだ」という選択肢もありえますが、世論調査自体が必ずしも信頼できない場合もあるので、ここでは採用しないほうが良いでしょう。

▶ステップ1

死刑は存続すべきである。

圧倒的に多くの人が死刑を支持している。

b 民主主義のもとでは、多数の意見に依拠していくのが良い。

2019年11月に内閣府が発表した世論調査によると、「死刑もやむを得ない」と答えた人の割合は80.8%であった。

　ところで、ステップ1の議論には「反駁」が考えられます。すると、ステップ2は次のようになるでしょう。国連では死刑の執行停止を支持する国が多数ではないかという「反駁」もありえますが、ここでは単に「多数」の意見では片付かない問題もあるということを重視してみます。

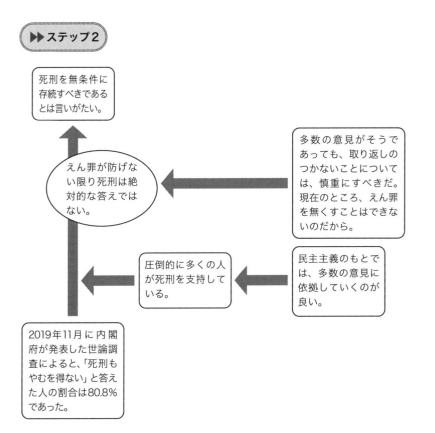

　こうして、トゥールミン・モデルを使って検討すると、死刑制度への慎重な態度が「主張」されることになります。

スカーフ（ヒジャブ）

状況

　フランスなど、ヨーロッパにおいて、女性を含めたイスラーム過激派の自爆テロが相次いで起こりました。そこで、2004年、フランス政府は、公立学校での宗教的標章を禁止する法律（ここではスカーフ禁止法と呼ぶ）を定め、事実上、イスラーム教徒を対象に、女性のスカーフ（ヒジャブ）着用を禁止しました。しかし、このスカーフ禁止法によって、「イスラーム教徒の生活が圧迫されているから、フランス政府はスカーフ禁止法を廃止すべきだ」という意見がおきました。

議論

　「フランス政府はイスラーム教徒を対象に女性のスカーフ着用を禁止する法律を定めたが、これはイスラーム教徒の生活を圧迫するものであり、廃止されるべきである」という議論をトゥールミン・モデルで検討してみましょう。

▶ステップ1

> **Q** 「根拠」から「主張」までの流れは次のようになります。どのような
> 「裏付け」が妥当でしょうか。次のa～cの中から選びなさい。
>
> a　この法律の施行後も、イスラーム教徒の女性は、スカーフの着用
> を続けている。
>
> b　この法律の施行後、イスラーム教徒の女性は、スカーフ着用をや
> めた。
>
> c　この法律の施行後、イスラーム教徒の女性は、買い物にも自由に
> 行けないし、学校から退学させられたり、各地で脅されたりして
> いる。

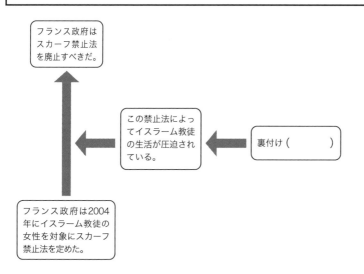

フランス政府は
スカーフ禁止法
を廃止すべきだ。

この禁止法によっ
てイスラーム教徒
の生活が圧迫され
ている。

裏付け（　　　）

フランス政府は2004
年にイスラーム教徒の
女性を対象にスカーフ
禁止法を定めた。

解答例

　おそらくステップ1は次のようになるはずです。イスラーム教徒の女性が圧迫されている具体的な事例があることが、「裏付け」となります。

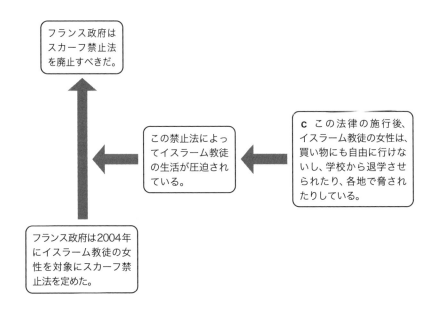

　ところが、この論理には、スカーフをして顔を隠すことができないから、テロの防止に効果があるのではないかという「反駁」が考えられます。それを加味すると、ステップ2は次のようになります。

▶▶ ステップ2

```
┌──────────────┐
│ フランス政府は       │
│ スカーフ禁止法      │
│ を修正すべきだ。     │
└──────────────┘
        ↑
   ╭──────────╮          ┌──────────────┐
   │ 本人確認の際は   │ ←────────── │ 生活も大事だが、ス  │
   │ 外すべきだ。    │          │ カーフで顔を隠すこ  │
   ╰──────────╯          │ とができなくなるか  │
        ↑                │ ら、テロを防止する  │
        │                │ のに役立つはずだ。  │
        │                └──────────────┘
        │    ┌──────────┐    ┌──────────────┐
        │    │ この禁止法によっ │    │ この法律の施行後、  │
        │ ←─ │ てイスラーム教徒 │ ←─ │ イスラーム教徒の女  │
        │    │ の生活が圧迫され │    │ 性は、買い物にも自  │
        │    │ ている。     │    │ 由に行けないし、学  │
        │    └──────────┘    │ 校から退学させられ  │
┌──────────────┐              │ たり、各地で脅され  │
│ フランス政府は2004年 │              │ たりしている。    │
│ にイスラーム教徒の女 │              └──────────────┘
│ 性を対象にスカーフ禁 │
│ 止法を定めた。    │
└──────────────┘
```

　この「反駁」は、近年、イスラーム教徒による自爆テロが頻発しているという「コンテクスト」が背景にあります。この「反駁」を受けて、「本人確認の際は外すべきだ」という「限定」が出てくるでしょう。そうすると法律の「廃止」ではなく、「修正」を「主張」することになります。

第4章 「反駁」に関するクリティカルな眼

　「根拠」から「論拠」をへて「主張」にいたる論理に対して、別の観点から見直して批判するのが「反駁」です。「反駁」は主に「論拠」にたいして向けられますが、「根拠」に対して向けられることもありますし、「論拠」の「裏付け」に対して向けられることもあります。「反駁」は、多様な立場からものを見ることになるので、クリティカル・シンキングの重要な構成要素です。これによって、論理が偏っていないかを検証することになるからです。

状況

　最近、道路や駅で、歩きながらスマホをする人（「ながらスマホ」）による事故が多発しています。そこで、「ながらスマホ」は危険だから、「ながらスマホ」をしている人は処罰すべきだという議論が出ています。一方で、必要があるから「ながらスマホ」をしているのだという意見もあります。

議論

　そこで、「ながらスマホは危険だから、ながらスマホをしている人は処罰すべきだ」という議論を、トゥールミン・モデルに当てはめて考えてみましょう。ステップ1は次のようになります。

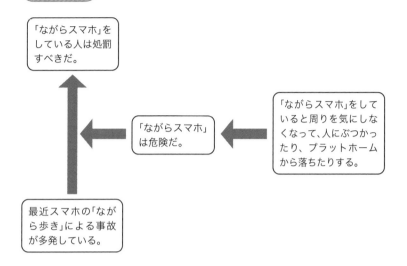

　「根拠」は、「事故が多発している」という事実です。そして、「ながらスマホは危険だ」が「論拠」になり、だから「処罰すべきだ」が「主張」になります。「論拠」の「裏付け」は、「ながらスマホ」をすると周りを気にしなくなるので事故が起きているということです。

Q 「ながらスマホ」は危険だという「論拠」にはどのような「反駁」が
考えられるでしょうか。「反駁」と、そのあとの「限定」と「主張」
も考えて、解答欄に書き入れましょう。

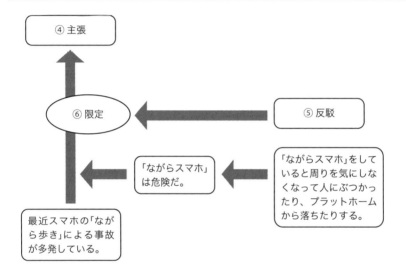

④ 主張

⑥ 限定 ← ⑤ 反駁

「ながらスマホ」
は危険だ。

「ながらスマホ」をして
いると周りを気にしな
くなって人にぶつかっ
たり、プラットホーム
から落ちたりする。

最近スマホの「なが
ら歩き」による事故
が多発している。

解答欄

⑤ ＿＿＿＿＿＿＿＿＿＿＿＿＿＿＿＿＿＿＿＿＿＿＿

⑥ ＿＿＿＿＿＿＿＿＿＿＿＿＿＿＿＿＿＿＿＿＿＿＿

④ ＿＿＿＿＿＿＿＿＿＿＿＿＿＿＿＿＿＿＿＿＿＿＿

┃解答例┣

「反駁」として、いくつかの文言が考えられます。

a 「ながらスマホ」をしている人がすべて周りを気にしていないわけではない。

b 「ながらスマホ」をしている人には道を探すなど必要なことをしている人も多い。

c 「ながらスマホ」をしている人はどうしても急ぎの要件でスマホを見ているのだ。

　これらはどれも妥当な「反駁」です。これらを採用すると、「限定」や「主張」は次のようになります。

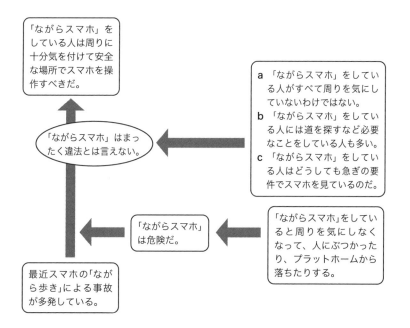

　こうして、「反駁」することによって、「処罰せよ」といった一方的な「主張」は避けられることになりました。

トピック　遺伝子組み換え農産物

状況

近年、遺伝子組換農産物が開発されて、途上国の食糧不足を救うための食糧増産につながるのではないかと、期待されています。しかし、それにはいろいろな問題もあります。

議論

たとえば、次のような議論を考えてみましょう。「遺伝子組換農産物は農地の拡大や人手の増加を必要とせず、病気や害虫にも強いし、単位面積当たりの収穫を増加しやすいから、食料の安定的供給に適している。したがって世界の飢餓を救うためには、遺伝子組換農産物の増産をすべきである」。

この議論をトゥールミン・モデルに当てはめてみました。ステップ1は、次のようになります。

▶ステップ1

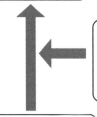

世界の飢餓を救うために遺伝子組換農産物を増産すべきである。

世界の飢餓を救うには、増産しやすい遺伝子組換農産物が適している。

2018年の世界の飢餓人口は8億人を超え、地球の人口の9人に1人の割合になった。

遺伝子組換農産物は農地の拡大や人手の増加を必要とせず、病気や害虫にも強いし、単位面積当たりの収穫を増加しやすい。

138

　では、これに対してどのような「反駁」がありうるでしょうか。それに伴って「限定」が付き、「主張」も変わってくるのですが、まずは「反駁」について考えてみましょう。

▶▶ステップ2

> **Q** どういう「反駁」が考えられるでしょうか。次のa～dの中から選びましょう。
>
> a　遺伝子組換農産物が人体や環境に予期せぬ影響を与えるのではないかという批判がある。
>
> b　世界的な飢餓を救うには、先進国の食料援助が必要である。
>
> c　遺伝子組換農産物の増産に成功しているのは先進国であり、途上国では、小規模な農家が多く、遺伝子組換農産物の耕作には取り組めない。
>
> d　遺伝子組換農産物は国際管理のもとで生産すべきだ。

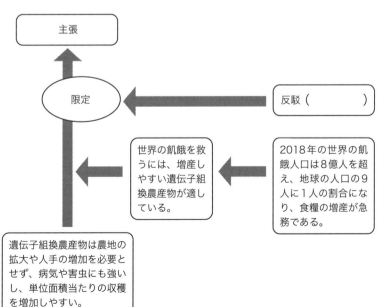

解答例

　この場合、aとcの二つの「反駁」が有効です。それぞれ異った見地から批判をしています。

　aは、遺伝子組換農産物そのものの性格についての「反駁」です。これは「根拠」に対する「反駁」にあたるでしょう。遺伝子組換農産物の生産のプラス面ばかりを「根拠」は見ているわけですが、そのマイナス面もあるのではないかという「反駁」です。すると、「限定」としては、「十分な検証が必要だ」ということになり、「主張」はそれを取り入れたものになるでしょう。

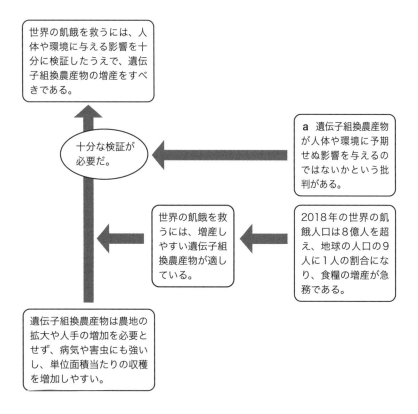

　cは、「論拠」についての「反駁」です。「論拠」では楽観視されている遺伝子組換農産物の増産体制についての「反駁」です。遺伝子組換農産物は実際には先進国で開発・増産されていますが、途上国ではそのための生産体制ができていないではないかという「反駁」です。そこで、「限定」としては、途上国の農業経営の改善という要素を入れることになります。

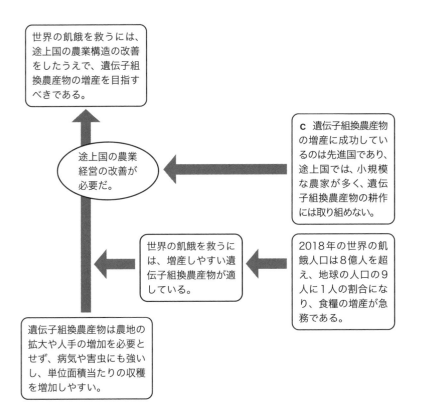

　このように、どれに対する「反駁」かによって、「反駁」はいろいろありえて、それによって「限定」も「主張」も違ってきます。つまり、多様な立場から「反駁」をすることによって、「主張」が妥当なものになっていくのです。

出典：https://hokudai-horse.xsrv.jp/monogatari/04.html

状況

　1932年のロサンゼルス・オリンピックにおいて、馬術競技で優勝した西竹一選手は、勝利ののち、「われわれは勝った(We won!)」と言いました。西選手は、大日本帝国陸軍の将校で、愛馬ウラヌスを駆って優勝したのでした。この発言は、「日本が勝った」という意味で言ったのだという解釈が広がっています。しかし、これに対する反対意見もあります。これを検討してみましょう。

議論

　西選手が「われわれは勝った(We won!)」と言ったのは、「日本が勝った」という意味である。軍人は「国」を代表する存在であるから、「われわれ」というのは「国」つまり「日本」ということである。

　この議論をトゥールミン・モデルに当てはめてみました。ステップ1は次のようになります。

　「根拠」は、軍人の西選手が "We won!" と言ったという事実です。「論拠」は、軍人は「国」を代表する存在である、ということです。だから、"We won!" というのは、「日本が勝った」という意味であるという「主張」が出てきます。

▶ステップ1

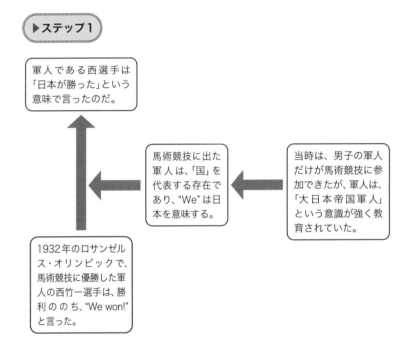

　では、これに対してどのような「反駁」がありうるでしょうか。ステップ2で考えてみましょう。

> **Q** ステップ1にはどういう「反駁」が考えられるでしょうか。次のa〜dの中から選びましょう。
> a "We"というのは、オリンピック日本代表団のことを指していたのだ。
> b 西の馬は西にしか騎乗できない馬で、両者は一心同体だったから、"We"は「西と馬」という意味である。
> c "We"というのは、「日本国民」のことである。
> d 国際的に活躍していた西は、「お国」のためにと考えるナショナリストではなかった。

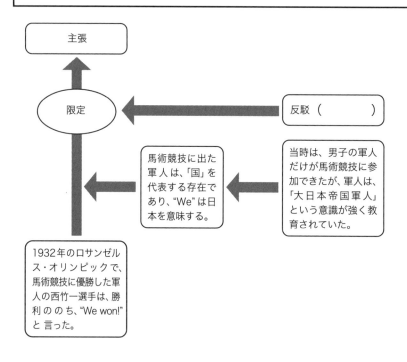

解答例

　ここで有効なのは、**b**と**d**の二つの「反駁」でしょう。それぞれを考えてみましょう。

　bの「西の馬は西にしか騎乗できない馬で、両者は一心同体だった」という説によれば、下の図のようになります。「反駁」は、「"We" は西と馬を意味する」というものです。

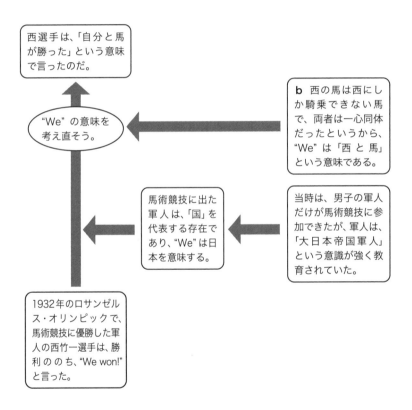

西選手は、「自分と馬が勝った」という意味で言ったのだ。

"We" の意味を考え直そう。

b　西の馬は西にしか騎乗できない馬で、両者は一心同体だったというから、"We" は「西 と 馬」という意味である。

馬術競技に出た軍人は、「国」を代表する存在であり、"We" は日本を意味する。

当時は、男子の軍人だけが馬術競技に参加できたが、軍人は、「大日本帝国軍人」という意識が強く教育されていた。

1932年のロサンゼルス・オリンピックで、馬術競技に優勝した軍人の西竹一選手は、勝利ののち、"We won!" と言った。

dの「反駁」は、「国際的に活躍していた西は「お国」のためにと考える
ナショナリストではなかった」というものです。これは西選手が「帝国軍人」
という意識を強く持たされていたという「裏付け」に対する「反駁」です。

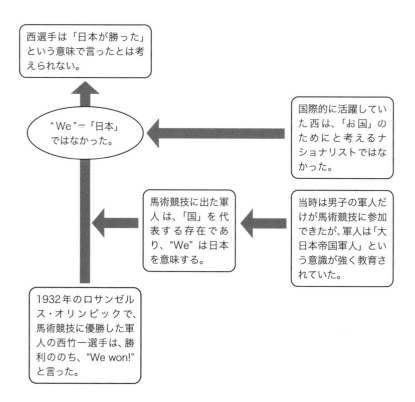

　こうして、当初の「主張」はそのままでは受け取れなくなってくるので
す。

第5章 「限定」と「主張」に関する クリティカルな眼

「反駁」を受けて、「根拠」→「論拠」→「主張」へと進む論理に、どのような「限定」を付けるかということは、「主張」を妥当なものにするための重要な作業です。

トピック　不平等条約

状況

1858年に幕府が列強(アメリカ・オランダ・ロシア・イギリス・フランス)と結んだ「安政五か国条約」は治外法権を認め、関税自主権を放棄した条約でした。治外法権というのは領事裁判権とも言いますが、外国人が犯罪を犯したとき、犯罪を犯した現地の法ではなく、その外国人の祖国の法律によって裁かれるというものです。関税の自主権の放棄というのは、国内に入ってくる物への関税を、自国が課すことができないということです。これは「不平等条約」でしたが、その時期に列強が中国と結んだ南京条約(1842年)などの条約ほど「不平等」なものではありませんでした。しかし、討幕派は幕府の結んだ条約を不満として、そのような不平等条約を結んだ幕府は打倒すべきであると主張したのでした。

議論

「不平等条約を列強と結んだ幕府は無能であり、打倒されるべきである」という議論を、トゥールミン・モデルを使って、批判的に検討してみましょう。
ステップ1は次のようになります。

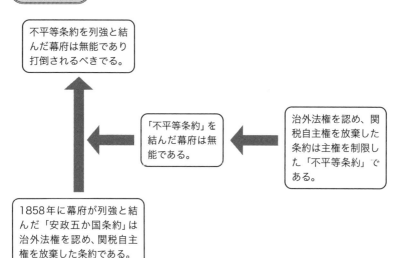

▶ステップ1

不平等条約を列強と結んだ幕府は無能であり打倒されるべきでる。

「不平等条約」を結んだ幕府は無能である。

治外法権を認め、関税自主権を放棄した条約は主権を制限した「不平等条約」である。

1858年に幕府が列強と結んだ「安政五か国条約」は治外法権を認め、関税自主権を放棄した条約である。

　では、同じような不平等条約を列強と結んだ中国などの条約と比べてみるとどうでしょうか。すると、ステップ1の議論に対して、幕府なりの外交の結果、「安政五か国条約」は中国などが結んだ条約ほど「不平等」ではなかったのではないかという「反駁」が考えられます。そうすると、ステップ2は次のようになります。

▶▶ ステップ2

Q　⑥と④にはどのような「限定」と「主張」が考えられますか。解答欄
　　に書き入れましょう。

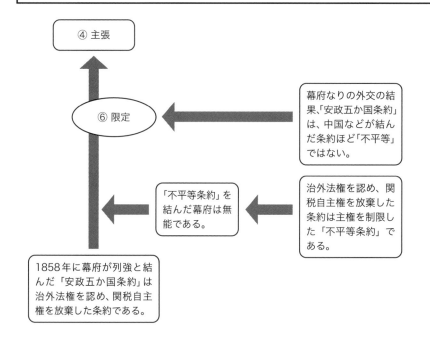

解答欄

⑥　＿＿＿＿＿＿＿＿＿＿＿＿＿＿＿＿＿＿＿＿＿＿＿＿＿＿＿＿＿

④　＿＿＿＿＿＿＿＿＿＿＿＿＿＿＿＿＿＿＿＿＿＿＿＿＿＿＿＿＿

解答例

おそらく「限定」と「主張」は次のようになるでしょう。

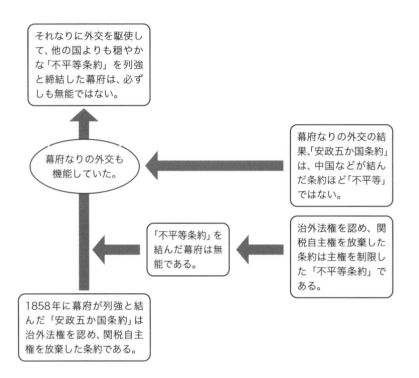

この際、「幕府は有能だった」という「限定」をつけたくなりますが、やはり列強と「不平等条約」を結んだという事実は重いので、そこまで肯定はできず、「それなりの外交をしていた」というくらいの「限定」にならざるを得ないでしょう。

トピック　救急車
・・・・・・・・・・・・

状況

　総務省の調査では、下の表からわかるように、救急車での搬送人員のう
ち、約50%は軽症でした。つまり、軽症にもかかわらず救急車を呼ぶ人が
多いということです。そもそも救急車は人の命に係わる場合にこそ求められ
ているのであり、軽症の人のために出動すると重症の人のために出るのが遅
れることになります。きっと有料にすれば軽症の人が簡単に救急車を呼べな
くなるでしょう。だから、救急車は有料にすべきである、という声があがっ
ています。

救急車出動件数(比率)

	死亡	重症	中等症	軽症	その他
平成12年	1.50%	11.60%	35.90%	50.90%	0.10%
17年	1.40%	9.70%	36.60%	52.10%	0.20%
22年	1.50%	9.60%	38.40%	50.40%	0.10%
27年	1.40%	8.50%	40.50%	49.40%	0.20%
令和2年	1.50%	8.60%	44.30%	45.50%	0.10%

出典：総務省　令和3年3月26日「令和2年中の救急出動件数等(速報値)」の公表

議論

　そこで、「軽症にもかかわらず救急車を呼ぶ人が多いので、重症の人の時に間に合わなくなる。だから、有料にしてはどうか」という議論を、どう考えたらいいでしょうか。トゥールミン・モデルで検討してみましょう。

　ステップ1は次にようになります。

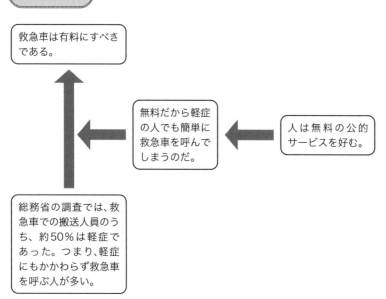

　「根拠」は否定しようのない事実、つまり総務省の調査結果です。「論拠」は、「無料だから軽症の人でも簡単に救急車を呼んでしまう」です。

　このような議論に対して、有料にした場合、貧しい人はたとえ重症でも救急車を呼ぶのをためらってしまうかもしれないという「反駁」がありえます。それを加えてみましょう。するとステップ2は次のようになります。

▶▶ ステップ2

Q　このように「反駁」した場合、どのような「限定」と「主張」が考えられますか。⑥と④に適当な文を入れてみましょう。

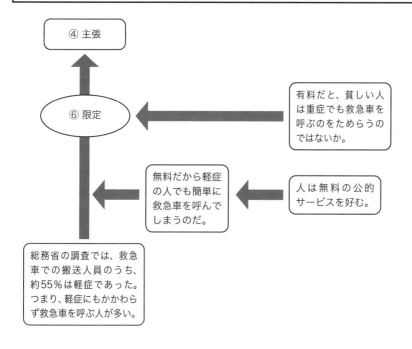

解答欄

⑥ _____

④ _____

解答例 ①

おそらく、単純に考えると「限定」と「主張」は次のようになるかもしれ
ません。

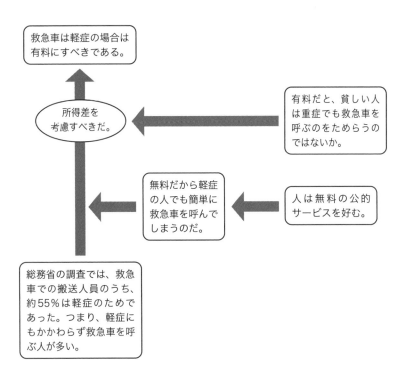

貧しい人が呼べなくなるのは困るということから、「所得差を考慮すべき
だ」という「限定」を入れたわけです。

でも、「所得差を考慮すべきだ」という「限定」から、「救急車は軽症の場
合は有料にすべきだ」という「主張」には直接つながりません。この「主
張」では、所得の高低にかかわらず、軽症の場合は有料にすると言っている
からです。

そこで次のようなモデルを考えてはどうでしょうか。

解答例 ②

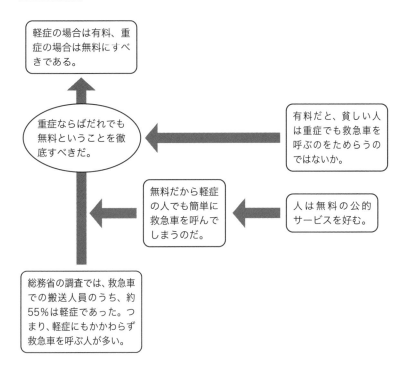

　これは、重症ならばだれでも無料で呼べるということを徹底してはどうか
という「限定」です。これならば、軽症の場合には救急車は有料だという
「主張」につながります。しかし、今度はこの限定に対して、「重症」と「軽
症」の区別がつきにくいという新たな「反駁」が出てきそうです。そこで、
「重症」と「軽症」を区別する基準を設けてはどうかという新たな「限定」
を考えることになります。すると「反駁」、「限定」、そして「主張」は次の
ようになります。

解答例 ③

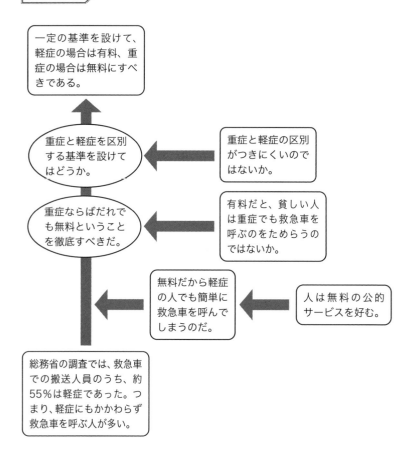

一定の基準を設けて、軽症の場合は有料、重症の場合は無料にすべきである。

重症と軽症を区別する基準を設けてはどうか。

重症と軽症の区別がつきにくいのではないか。

重症ならばだれでも無料ということを徹底すべきだ。

有料だと、貧しい人は重症でも救急車を呼ぶのをためらうのではないか。

無料だから軽症の人でも簡単に救急車を呼んでしまうのだ。

人は無料の公的サービスを好む。

総務省の調査では、救急車での搬送人員のうち、約55％は軽症であった。つまり、軽症にもかかわらず救急車を呼ぶ人が多い。

　このように、多様な「反駁」を想定することで「限定」も変化し、「主張」も精査されてきます。

トピック　北爆

状況

　1964年8月、アメリカ合衆国はトンキン湾事件をきっかけに、北ベトナムへの空爆、いわゆる北爆を開始し、これ以後ベトナム戦争が始まりました。このトンキン湾事件というのは、北ベトナム沖のトンキン湾で北ベトナム軍の哨戒艇がアメリカ海軍の駆逐艦に2発の魚雷を発射したといわれる事件です。しかし、1971年6月、『ニューヨーク・タイムズ』が、いわゆる「ペンタゴン・ペーパーズ」をスクープして、事件の一部はアメリカ合衆国が仕組んだものだったことを暴露しました。[15]

議論

　以上の状況の中で、次のような議論が行われていました。これを検討しましょう。「1964年8月、北ベトナム沖のトンキン湾で北ベトナム軍の哨戒艇がアメリカ海軍の駆逐艦に2発の魚雷を発射したことは、アメリカへの敵対行為であり、アメリカは北ベトナムに報復攻撃をすべきである」。

　この議論をトゥールミン・モデルを使って分析してみましょう。

───────────────

　15　ニューヨーク・タイムズ編　杉辺利英訳『ベトナム秘密報告──米国防総省の汚ない戦争の告白録』上・下、サイマル出版会、1972年。

> **Q** この議論をトゥールミン・モデルのステップ1に当てはめて、①～④
> の空欄を埋めてみましょう。参考のため、①はあらかじめ埋めてあ
> ります。

▶ステップ1

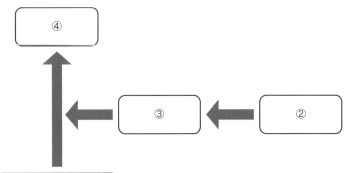

解答欄

②_____

③_____

④_____

解答例

この答えは、おそらく次のようになるでしょう。

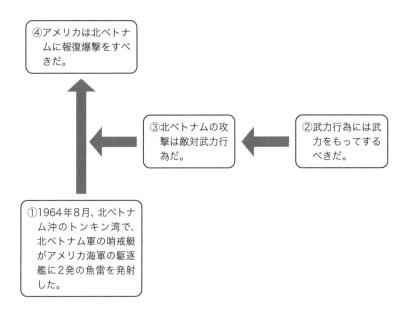

④アメリカは北ベトナムに報復爆撃をすべきだ。

③北ベトナムの攻撃は敵対武力行為だ。

②武力行為には武力をもってするべきだ。

①1964年8月、北ベトナム沖のトンキン湾で、北ベトナム軍の哨戒艇がアメリカ海軍の駆逐艦に2発の魚雷を発射した。

　このステップ1の論理のなかでどこが問題になるでしょうか。やはり最初の「根拠」に当たるデータを批判的に考えるということが出発点になるでしょう。ここに「反駁」の余地があります。つまり、魚雷攻撃がだれによるものかということです。するとどのような論理展開になるでしょうか。

Q 「反駁」を考えて、トゥールミン・モデルのステップ２の⑤「反駁」、⑥「限定」、そして④「主張」の各空欄を埋めてみましょう。

▶▶ステップ2

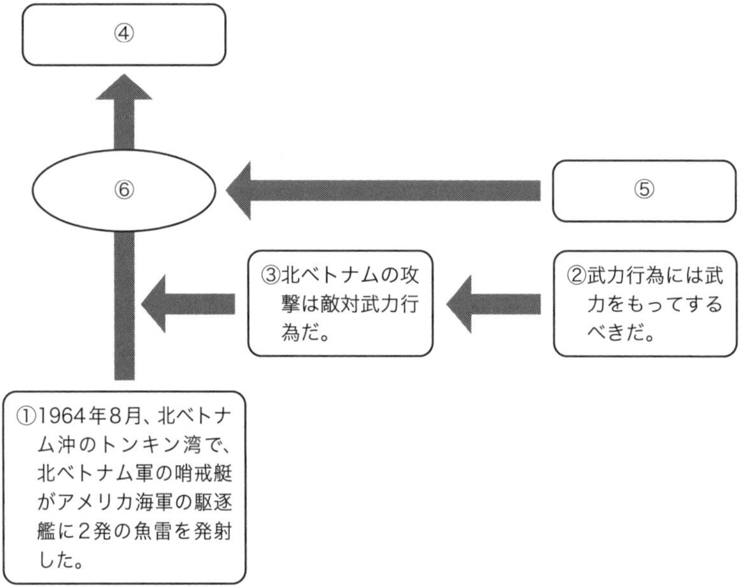
④
⑥
⑤
③北ベトナムの攻撃は敵対武力行為だ。
②武力行為には武力をもってするべきだ。
①1964年8月、北ベトナム沖のトンキン湾で、北ベトナム軍の哨戒艇がアメリカ海軍の駆逐艦に2発の魚雷を発射した。

解答欄

⑤ ____________________

⑥ ____________________

④ ____________________

解答例

この答えは、おそらく次のようになるでしょう。

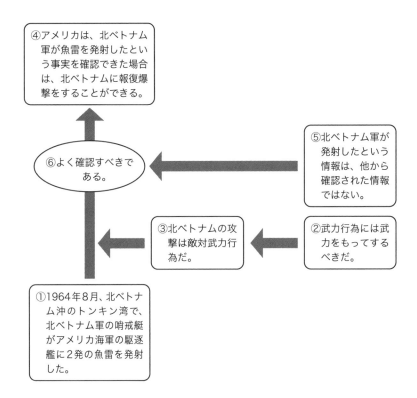

④アメリカは、北ベトナム軍が魚雷を発射したという事実を確認できた場合は、北ベトナムに報復爆撃をすることができる。

⑥よく確認すべきである。

⑤北ベトナム軍が発射したという情報は、他から確認された情報ではない。

③北ベトナムの攻撃は敵対武力行為だ。

②武力行為には武力をもってするべきだ。

①1964年8月、北ベトナム沖のトンキン湾で、北ベトナム軍の哨戒艇がアメリカ海軍の駆逐艦に2発の魚雷を発射した。

このようにクリティカル・シンキングを活かすことができていれば、トンキン湾事件をきっかけとする「北爆」は防げたかもしれません。少なくとも、それを容認する態度は防げたはずです。

おわりに

　クリティカル・シンキングの必要性や理論はわかっていても、いざ実際にクリティカルに考えようすると、どうしたら良いのかわからない、という声を多く聞きます。しかし残念ながら、クリティカル・シンキングを育てるための具体的な指導方法を示している教材は少ないようです。そこで本書では、トゥールミン・モデルを中心に据えて、このモデルの各構成要素をクリティカルに精査することで、クリティカル・シンキングを養成する方法を考案し、指導の主軸に据えました。

　ともすると、「見聞きしたことを鵜呑みにしない」、「発言する時はきちんと理由を言う」ことがクリティカル・シンキングだと捉えられがちですが、それだけでは十分ではありません。「鵜呑みにしない」ためにはどうすれば良いのか、裏付けのある理由にするには何が必要か、都合の良いことだけを並べて、反対意見を想定もせずに説得しようとしていないか、などを冷静に見極められる「真のクリティカル・シンキング」が、今求められています。

　本書では、この真のクリティカル・シンキングを、日常生活や学校・大学での学びの場で発揮できることを願って、身近な話題だけでなく、比較的馴染みのある歴史上の出来事も題材として取り上げました。そして、イラストや写真、図版、チャートなどを豊富に取り入れ、トゥールミン・モデルを使って具体的に解説し、演習を通して理解を深められるようにしました。

　本書の第一部では、「ポスト真実」や「フェイク・ニュース」がはびこる近年の情報化社会にあって、クリティカルな目で物事を判断することの重要性に気づいていただくことを目標の一つにしました。さらに、クリティカル・シンキングとはどういう考え方なのかについて説明し、その育成ツールとして、トゥールミン・モデルが役立つことなどについて解説しました。

　第二部では、論理的な議論や意見表明には必須の要素を、コンパクトにまとめたトゥールミン・モデルを活用して、「根拠、論拠、裏付け、反駁、限定、主張」をクリティカル・シンキングを使ってどのように精査したら良い

かについて、演習問題(ドリル)を通して理解を深められるようにしました。

　巻末には、付録として、英語でクリティカル・シンキングをみがくための問題集を載せました。母語で速やかにクリティカルに考える力が付けば、英語でのクリティカル・シンキングが少しでも容易になると考えたからです。英語そのものの難しさで足踏みをしてしまわないように、比較的馴染みのある題材を選び、難しい英語表現には和訳や解説を加えるなどして、クリティカルに考えることに集中できるようにしました。優れた英語の文章は、かなり論理的に組み立てられています。そのため、英語の方がトゥールミンがモデルで設定した議論のための要素が見えやすいかもしれません。是非、巻末付録の英語教材にもチャレンジしてみてください。

　今日のように、テレビ、ラジオ、YouTube、SNS、新聞、雑誌、書籍などで「フェイク・ニュース」が飛び交っている時には、クリティカル・シンキングを使って、「根拠、論拠、裏付け、反駁、限定、主張」のひとつひとつを慎重に吟味することがとても大事なのです。相手の議論は何を根拠にしているのか、どういう裏付けを持った論拠があって主張しているのかを批判的に考えてください。さらに、その論拠には別の角度から見た反論があるのではないか、といつも考えてください。ひるがえって、自分が議論や意見を言う時にも、「自分は何を根拠にして発言しているのだろう」、「どういう裏付けを持った論拠があって主張しているのだろう」、「私の議論には別の角度から見た反論はないだろうか」、と自問自答してください。自分の強い思い込みで強硬な主張をしたり、他人の断定的な「主張」をそのまま鵜呑みにしたり、即座に反論したりせず、ちょっと立ち止まって、疑って考え、「判断するのをちょっと待つ」といった態度を大切にしてください。こうすることでクリティカル・シンキングは建設的な議論を保証してくれます。

　皆が互いにこのようなクリティカル・シンキングの手続きを前提にして議論を積み重ねていけば、その議論は必ずかみ合って、建設的な方向に向かうでしょう。皆さんがクリティカル・シンキングを有効に使って、様々な場面で自信を持って意見を述べ、建設的な議論を展開し、問題の解決に向けて進んでいくことができるようにと願っています。

あとがき

　本書は、科学研究費補助金を受けて行った研究[16]の最終目標である「クリティカル・シンキングを養成するための教材作成」を実現したものです。研究と本書の執筆に携わった椎名、森川、後藤、南塚の計4名の研究者の専門分野は、順に、応用言語学、英語教育、メディア論、歴史学といったように、分野は異なりますが、それぞれの研究と授業実践を通して強く持った共通認識がクリティカル・シンキングの重要性でした。

　椎名がクリティカル・シンキングの研究を始めたきっかけは、SELHi（文部科学省主導プロジェクト：Super English Language High School：2002-2009）のプロジェクト協力者として、多くの小中高の英語授業を参観し、先生方と話し合う機会を得たことでした。そこで学んだことのひとつが日本人英語学習の抱える問題点でした。ディベートの授業は別にして、ごく一般の授業で、英語に限らず日本語であっても、クリティカル・シンキングを使って論理的なコミュニケーションをすることが容易ではないということでした。多様な反論を想定して発表内容を構成したり、発表者の発言に疑問を持って質問したり、論理立てて回答したりすることが不得手なのです。そこで、まずは日本語でしっかりとクリティカル・シンキングの力を付けること、小中高大で一貫してクリティカル・シンキングを育成していくこと、それにはクリティカル・シンキングを体系的に学ぶ指導法と教材が必要であると強く感じました。

　起承転結の文章や談話に慣れ親しみ、明言を避けて婉曲に表現することに美学を見出す文化的背景を持つ日本人は、日本語でも英語でも、必要な時には、はっきりと理由を言って説明したり、反論したりして、自分の意見をきちんと述べることが苦手です。クリティカル・シンキングを意識的に学ぶ必要があると痛感しました。国内外のクリティカル・シンキングに関する文献を調べると、その大部分が哲学的、心理学的見地からクリティカル・シンキ

16　文部科学省科学研究費補助金（C）18K00803（代表：椎名紀久子）「トゥールミン・モデルを活かした批判的論理的思考方法の開発とその多角的教材化の研究」2018 - 2022

ングの構成要素を羅列的・総花的に述べる概念的なもので、その指導法を理論的な裏付けを示して体系化し提案しているものはほとんどありませんでした。

　そこで、クリティカル・シンキングの指導法を探るために、科研費（2004〜2007、2008〜2011）を得て、イギリス、ドイツ、カナダ、アメリカにある小学校・中学校・高校を視察しました。驚いたことに、これらのほぼすべての学校が、あえてクリティカル・シンキングという科目は設けていませんでした。授業を参観し、カリキュラムやシラバスを見てわかったことは、すべての科目で、生徒一人一人がクリティカルに考えて先生の質問や課題に答えないと授業が成り立たない、授業に参加したことにならない、という授業展開になっているということでした。他人の立場に立って考える、思考マップを作って系統立て自分や他者の考えを精査する、論理的に発表する、などのことがごく当たり前のように毎日の授業で行われていました。これこそ日本の学校教育において必要なことだと痛感しました。

　このような経験を活かして、当時の勤務校である千葉大学で、「母語としての日本語のコミュニケーション能力を育成」するための科目、「思考とコミュニケーションのプラクティス」を立ち上げました。大学生活上の問題点などについてのディスカッションを通して、協同でトゥールミン・モデルを作成し、発表する形式の授業です。東京大学では、同様の作業を、「クリティカル・シンキング(批判的思考)の育成と論証型意見の表明」と題した英語科目で、トゥールミン・モデルを使って英語で発表をしてもらうオールイングリッシュの授業をしました。名古屋外国語大学では、「対人コミュニケーション」という科目で、アサーティブ・トレーニング(assertive training)と合わせて、トゥールミン・モデルを使った「思考のトレーニング」を試みました。本書では、それらの授業で学生たちが強い関心を持った題材(トピック)を積極的に取り入れてドリルを作成しました。このようにして、学生の目線に立ってクリティカル・シンキングを学べることが、本書の一つ目の特徴になっています。この部分は椎名が主に担当しました。

　二つ目の特徴は、クリティカル・シンキングが必要な場面について、日常

165

的な話題だけでなく、教養レベルの時事問題と歴史上の課題も取り上げたことです。なぜならこれらの分野では、溢れるように情報が発信され、「フェイク・ニュース」がはびこり、「ポスト真実」がまかり通っているからです。クリティカル・シンキングが最も求められている分野と言っても過言ではありません。この部分は南塚が担当しました。

　三つ目の特徴は、トゥールミン・モデルに「コンテクスト(文脈)」という新しい要素を加えたことです。「根拠(事実)」も「論拠」も「反駁」も、何らかのコンテクストが背後にあるということを強調しました。今後もトゥールミン・モデルを活用していく際に、クリティカル・シンキングの一要素として、何事にもコンテクストがあり、それにより解釈が変化するということを、いつも頭のどこかに置いておきたいと考えたからです。

　四つ目の特徴は、クリティカルに精査する対象を、文章だけでなく図版(写真や漫画やイラスト)にも広げたことです。ビジュアルに訴える画像や映像のインパクトは計り知れません。しかし、最近のテクノロジーではいくらでも修正や加工が可能で、誤った視覚情報を事実として論理を積み上げていくと、間違った主張に繋がる可能性もあるのです。クリティカルな精査には図像解析力なども要求されることから、この分野はメディア論とメディアのコンテンツ分析が専門の後藤が主に担当しました。

　五つ目の特徴は、英語であってもクリティカル・シンキングが行えるように、英語の教材を作成したことです。この部分は森川が主に担当しました。椎名と共に英国の授業を参観したり、クリティカル・シンキングの講義を一緒に受けたりして、トゥールミン・モデルについて共に研究をしてきました。大学での英語によるクリティカル・シンキングの授業展開の経験が、教材開発に大きく反映されています。

　本書では、日本語による指導や演習問題を第一部と第二部に収め、英語版を巻末付録にしました。それには二つの理由があります。ひとつ目の理由は、はじめに日本語でクリティカル・シンキングについて十分に理解し、日本語のドリルを通してクリティカル・シンキングに対する理解と自信を深めておけば、英語によるトゥールミン・モデルの解説とドリルに楽しく取り組

めるのではないかと考えたからです。次に、日本語版が前半で大きな割合を占めている理由は、日本語でクリティカル・シンキングとトゥールミン・モデルへの理解を深めておくことが、他教科（社会科、国語など）におけるクリティカル・シンキングの指導にも役立つのではないかと期待したからです。

　日本語と英語の教材作成は「言うは易し行うは難し」でした。教材化の段階でトゥールミン・モデルに関する共通理解を深めるために、Toulminによる原書、*The Uses of Argument* を読み返し、執筆者間で多くのディスカッションを重ねました。クリティカル・シンキングの定義についても、過去の椎名の科研で得られた成果を基に、定義の精度を高めて、次のように定めました。「公正な議論や意見表明の論理性を高めていくために、複数の視点から他者の意見に耳を傾け、議論や主張の根拠・論拠・裏付け・反駁・限定についての正確性を高めていくための思考力」。

　教材化にあたって、各分野の主担当者が、題材とそこで扱う議論について提案し、いかにトゥールミン・モデルに組み込むかなどについては、本研究で定めた定義に沿って、皆で議論を重ねました。

　小中高では2020年度より新しい学習指導要領に沿った授業が順次始まっています。そこでは、「知識および技能」と「学びに向かう力、人間性など」に加えて、「思考力、判断力、表現力」が重要な指導の柱に据えられています。千葉大学では1年次に日本語でクリティカル・シンキングの概念を理解し、2年次に英語でトゥールミン・モデルによるクリティカル・シンキングの演習に取り組むことになっています。本書がクリティカル・シンキングの育成という点で、英語に限らず、教科の壁を越えて少しでも役に立つことができれば良いと願っています。

　新型コロナ・ウイルスの影響で2020年度以降は思うように対面の研究会を開くことができませんでしたが、何とか出版にこぎ着けることができました。出版を快く引き受け、忍耐強く支援してくださったアルファベータブックスの春日俊一さんに心より感謝を申し上げます。

椎名紀久子

引用および参考文献

日本語文献

井上尚美(1989)『言語論理教育入門——国語科における思考』明治図書出版株式会社.

苅谷剛彦(2014)『知的複眼思考法——誰でも持っている創造力のスイッチ』講談社.

楠見孝, 子安増生, 道田泰司(2011)『批判的思考力を育む——学士力と社会人基礎力の基盤形成』有斐閣.

楠見孝(2012)「批判的思考について——これからの教育の方向性の提言」中央教育審議会 高等学校 教育部会 資料4(平成24年9月7日).
https://www.mext.co.jp/b_menu/shingi/chukyo3/047/siryo/_icsFiles/afieldfile/2012/09/20 (2021.1.28)

楠見孝, 道田泰司編(2017)『批判的思考—— 21世紀を生きぬくリテラシーの基盤』新曜社.

椎名紀久子編(2007)『国際ネットワークを重視した小中高一貫英語教育システムの構築——国語力強化と連携して』2004-2007科学研究費補助金基盤研究(B)研究課題番号16320070 研究成果報告書.

椎名紀久子編(2011)『英語の批判的読解力と論理的発表力の育成—小中高大における系統的母語指導と連携して』2008-2011科学研究費補助金基盤研究(B)研究課題番号20320076 研究成果報告書.

鈴木健, 大井恭子, 竹前文夫編(2006)『クリティカル・シンキングと教育——日本の教育を再構築する』世界思想社.

名嶋義直編著, 寺川直樹, 田中俊亮, 竹村修文, 後藤玲子, 今村和宏, 志田陽子, 佐藤友則, 古閑涼二著(2020)『10代からの批判的思考 —— 社会を変える9つのヒント』明石書店.

福澤一吉(2017)『論理的思考——最高の教科書』サイエンス・アイ新書, SBクリエイティブ.

道田泰司(2001)「批判的思考の諸概念:人はそれを何だと考えているか?」『琉球大学教育学部紀要』第59号, pp.109-127.

道田泰司, 宮元博章(2005)『クリティカル進化論 ——「OL進化論」で学ぶ思考の技法』北大路書房.

道田泰司(2011)「一般書としてのクリティカル・シンキング本の研究」『琉球大学教育学部紀要』第79号, pp.161-174.

道田泰司(2012)『最強のクリティカルシンキング・マップ』日本経済新聞出版社.

南塚信吾, 小谷汪之編著(2019)『歴史的に考えるとはどういうことか』ミネルヴァ書房.

宮元博章(2000)「批判的思考を中心においた心理学教育のあり方について」,『伝統と創造(古川治 教授退官記念論文集)』(古川治・塩見邦雄 著者代表)人文書院, pp.95-106.

熊本大学教育学部・四附属学校園編(2015)『論理的思考力・表現力育成のためのカリキュラム開発——教科間連携, 幼・小・中連携を視野に入れて』渓水社.

英語文献

Barnet, S., Bedau, H. and O'Hara, J.(2011) *From Critical Thinking to Argument: A Portable Guide,* Bedford/ St. Martin's, Boston/New York, 3rd ed.

Beyer, B. K.(1985) "Critical Thinking: What is it?" *Social Education*, 49, pp. 270-276

Black, B.(ed.) (2012)An *A to Z of Critical Thinking*, Cambridge Assessment, Cambridge

Bowell, T. and Kemp, G.(2010) *Critical Thinking: A Concise Guide*, Routledge, London and New York, 3rd ed.

Brink-Budgen, R. V. D.(2000) *Critical Thinking for Students: Learn the Skills of Critical Assessment and Effective Argument*, How to Books, Ltd, Oxford, 3rd ed.

Brink-Budgen, R. V. D.(2006) *Critical Thinking for A2*, How to Books, Ltd, Oxford.

Browne, M. and Keeley, S.(2001) *Asking the Right Questions: A Guide to Critical Thinking*, Pearson Education Inc., New Jersey(森平慶司訳 (2004)『質問力を鍛える クリティカ ル・シンキング練習帳』PHP研究所).

Butterworth, J. and Thwaites, G.(2005) *Thinking Skills*, Cambridge University Press, Cambridge.

Cottrell, S.(2011) *Critical Thinking Skills: Developing Effective Analysis and Argument*, Palgrave MacMillan, 2nd ed., New York.

Eales- Reynolds, L.-J., Judge, B., McCreery, E., and Jones, P.(2013) *Critical Thinking Skills for Education Students* (Study Skills in Education Series), Learning Matters, SAGA Publication, London(楠見孝・田中優子訳(2019)『大学生のためのク リティカルシンキング——学びの基礎から教える実践へ』北大路書房).

Elder, L. and Paul, R.(2009) *Guide to Critical Thinking*, The Foundation for Critical Thinking, California.

Ennis, R. H.(1962) "A Concept of Critical Thinking: A proposed basis for research in the teaching and evaluation of critical thinking ability", *Harvard Educational Review*, 32, pp. 81-111.

Ennis, R. H.(1985) "A logical basis for measuring critical thinking skills". *Educational Leadership*, 43, pp. 44-48.

Ennis, R. H.(1996) *Critical Thinking*, Prentice-Hall Inc., New Jersey.

Erickson, H. L., Lanning, L. A. and French, R.(2017) *Concept-Based Curriculum and Instruction for the Thinking Classroom*, Corwin Press, California, 2nd ed.(遠藤みゆき・ ベアード真理子訳(2020)『思考する教室をつくる概念型カリキュラムの理論と実践—— 不確実な時代を生き抜く力』北大路書房).

Fisher, A. and Scriven, M. (1997) *Critical Thinking: Its Definition and Assessment*, Univ. of East Anglia, Norwich, UK.

Fisher, A.(2011) *Critical Thinking: An Introduction*, Cambridge University Press, 2nd ed., Cambridge.

Griffin, P., McGaw, B. and Care, E.(ed)(2012) *Assessment and Teaching of 21st Century Skills*, Springer, Netherlands(三宅なほみ 監訳、益川弘如・望月俊男編訳(2016)『21世

紀型スキル——学びと評価の新たなかたち』北大路書房).

Hitchcock, D. and Verheij, B. (ed) (2006) *Arguing on the Toulmin Model: New Essays in Argument Analysis and Evaluation*, Springer, Dordrecht, Netherlands.

Kaye, S. M.(2009) *Critical Thinking: A Beginner's Guide*, One World, Oxford.

Paul, R., Fisher, A. and Nosich, G.(1993) *Workshop on Critical Thinking Strategies*, Sonoma State University, Foundation for Critical Thinking, California.

Paul, R. and Elder, L.(2001) *Critical Thinking: Tools for Taking Charge of Your Learning and Your Life*, Prentice Hall Inc.(村田美子監訳, 巽由佳子訳(2003)『クリティカル・シンキング—「思考」と「行動」を高める基礎講座』東洋経済新報社).

Paul, R.(2016) *Critical Thinking: What Every Person Needs To Survive in a Rapidly Changing World*, The Foundation for Critical Thinking, California (1990 1 st.).

Possin, K.(2002) *Critical Thinking*, The Critical Thinking Lab., Winona, Minnesota.

Swatridge, C.(2014) *Oxford Guide to Effective Argument & Critical Thinking*, Oxford University Press, Oxford.

Toulmin, E. S.(1958, 2003) *The Uses of Argument*, Cambridge University Press, Cambridge(戸田山和久・福澤一吉訳(2011)『議論の技法——トゥールミンモデルの原点』東京図書).

Williams, K.(2009) *Getting Critical*, Palgrave MacMillan, New York.

Zechmeister, E. B. and Johnson, J. E.(1992) *Critical Thinking: A Functional Approach*, Brooks/Cole Publishing Company, California(宮元博章・道田泰司・谷口高士・菊池聡訳(1996)『クリティカルシンキング 入門編 ——あなたの思考をガイドする40の原則』北大路書房)&(宮元博章・道田泰司・谷口高士・菊池聡訳(1997)『クリティカルシンキング ——実践編:あなたの思考をガイドするプラス50の原則』北大路書房).

MEMO

MEMO

MEMO

MEMO

MEMO

MEMO

Critical Thinking

巻末付録
英語教材

using
the Toulmin Model

Sarah Morikawa

Kikuko Shiina

Preface

The more globalization progresses and information technology advances in our daily lives, the more inevitably we face an abundance of information and claims, full of persuasive language and sometimes empty of evidence. In this post-truth era, fake news is thought to be real news, and real information is labelled fake. Now is when we need to fully exercise our critical thinking to probe the claims we see and hear and to argue logically whenever necessary. At the same time, or even in advance, it is essential to examine our own views and values to ensure that we are not unthinkingly accepting or rejecting a viewpoint merely because it is contrary to what we currently believe. Critical thinking is therefore crucial nowadays for our own opinion formation as well as careful examination of other people's opinions. You may say, "I know. That's obvious!", but do you know how to think critically? A good critical thinker can be an efficient debater, a successful presenter, or a good writer because they know the components of logical argument. While many countries naturally incorporate critical thinking skills into their school subject contents, Japanese school education has often avoided this vital life skill. That is why we decided to write this book focusing on the Toulmin model. This model provides useful elements for analyzing arguments found in the texts we read and the reports we hear, and for creating our own arguments, for example, in debate, presentation, or writing.

To understand the basics of the Toulmin model, we recommend that you start with the Japanese part, 『図解でわかるクリティカル・シンキング：トゥールミン・モデルを活かして』 and then continue with this English part, Critical Thinking using the Toulmin model. This part of the book breaks down the Toulmin model and deals with each component in turn, providing an accessible introduction to aspects of critical thinking. This part presents some fundamental steps towards becoming a better critical thinker in English and may help you to understand written English, write logically and debate or discuss in English a little more easily. However, please bear in mind that the Toulmin model is a model, and as real-life arguments are likely to be more complicated, this part is but a first step.

Good luck and enjoy THINKING!

Kikuko Shiina

Please note that the opinions in the book are possible opinions and not necessarily those of the authors.

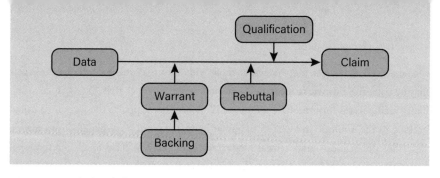

Unit 1 The Toulmin Model

The Toulmin model is a useful way of analyzing and evaluating arguments and of forming your own arguments or conclusions.

A basic argument consists of reasons and a conclusion. However, instead of identifying or providing only reasons and conclusions, the Toulmin model breaks an argument down into components: data, warrant, backing, rebuttal, qualification and claim. These elements can be explained as follows:

Data : The facts that provide a foundation for a claim
Warrant : Justification or reason as to why the data leads to the claim
Backing : Evidence that supports the warrant
Rebuttal : A challenge from another point of view against the data/warrant/backing, casting doubt on the conclusion
Qualification : Revision of the argument, recognizing that the claim may not be always true
Claim : An assertion that a speaker or writer would like an audience to believe

Example argument

People often make claims and provide some data, but in many cases the warrant is not considered. For example, look at the following argument consisting of data and a claim/conclusion.

"I don't know much about what is going on in the world,
so I should read a newspaper more often."

One unstated warrant is that "Newspapers provide information about the world." This may be true, and this warrant can be supported by the evidence that "Newspapers often have specific pages for international news". Evidence that supports the warrant is called backing in the Toulmin model. On the other hand, the word "newspaper" covers a wide variety of publications, and a local newspaper is unlikely to have much international news. Therefore, someone may say, "Local newspapers don't have much international news". This is the rebuttal of the warrant, which points out an exception to the warrant, or a case in which the warrant does not apply. If there are exceptions to the warrant, then a qualification is needed to make the claim more reasonable or make sure it is not over-stated. In this argument, one possible qualification that would make the claim more accurate, would be "(Assuming that) national newspapers have more international news than local ones."

Using the Toulmin model, an argument that reflects an unstated warrant, backing and a qualification could be as follows.

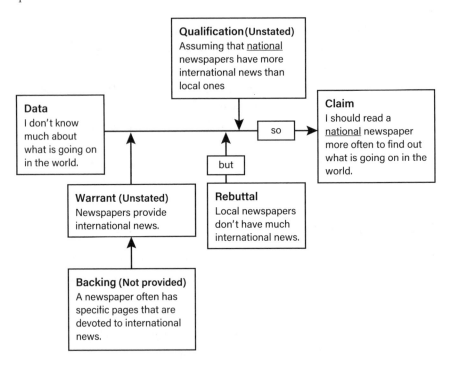

Thus, a new argument will be as follows. You can see how it has been changed if you take into account of all the features of the Toulmin model.

"I don't know much about what is going on in the world,
so I should read a <u>national</u> newspaper more often."

If you approach an argument in this way, and break it down into its components shown in the Toulmin model, while considering the connections between them, you should be able to evaluate the strength of the argument.

Identifying arguments

In this section, we will practice identifying the different components of an argument using the Toulmin model.

The following three articles are about freedom of the press in three different countries: Japan, the USA and Turkmenistan.

[Press Freedom in Japan]
Read the text and divide the argument into the components of the Toulmin model. Below the text, you will find the position argued in the text in the form of the Toulmin model.

In the latest World Press Freedom ranking, a well-known ranking used by international organizations such as the UN and the World Bank, the freedom of the press in Japan is labelled "problematic". Japan is ranked 66th among 180 countries[1]. According to Reporters Without Borders (RSF)[2], the organization which compiles the list, the degree of freedom of journalists in a country is calculated by giving a questionnaire to journalists, media lawyers, researchers and other media specialists in the countries concerned. As well as this questionnaire, figures for violence and abuse against journalists are collected for each country and the two are combined to give the final figure and ranking. In Japan's case, there are no recorded abuses of journalists. Japan's low ranking is a result of its underlying situation. Specifically, from the RSF report, it appears that there is widespread discrimination against freelance and foreign reporters, that those who criticize the government are harassed, and that whistleblowing journalists can face up to ten years in jail. It should be said that these responses are qualitative data, and the experts who responded were chosen by RSF. Therefore, it is possible that there may be bias in the responses. However, if this information is accurate, the government should take steps to improve the freedom of the press in Japan.

World Press Freedom index：世界報道自由度ランキング
is labelled "problematic"：問題ありとされている　　　Reporters Without Borders：国境なき記者団
compiles the list：リストを作成している　　the countries concerned：関連諸国
violence and abuse：暴力と虐待　　final figure and ranking：確定計数と順位
widespread discrimination：広くはびこる偏見
whistleblowing journalists：内部告発をするジャーナリスト
face up to ten years in jail：10 年間拘置される羽目になる　　qualitative data：質的データ
take steps：対策を施す

★Toulmin model 1: The rebuttal is related to the Data

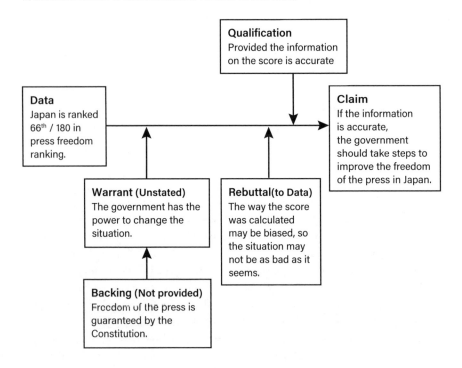

★Toulmin model 2 : If the rebuttal is related to the Warrant, the claim changes.

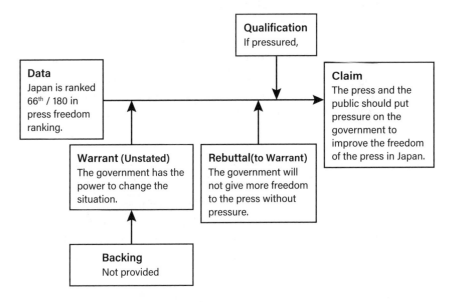

Once you analyze the argument using the Toulmin model, you will find that the argument lacks warrant and backing, and that it has an underlined room for rebuttal as well.

[Press Freedom in the USA]

Exercise 1. 1

Read the text, and write each letter [a] to [i] in the appropriate part of the Toulmin model. Use each letter once. [a] has been done for you. Each part of the model may comprise one or more sentences. Check your answers in the Notes at the end of this unit.

Although the First Amendment of the United States Constitution protects free speech and freedom of the press, the US is ranked 45th out of 180 countries in the 2020 Freedom of Press index (RSF)[3]. This is mostly because of various government actions taken in the name of national security. For example, journalists and leakers are threatened with lawsuits. In fact, eight whistleblowers were prosecuted by the Obama administration under the Espionage Act[4]. Journalists have also been stopped and searched at US borders and some were even arrested for covering protests at a recent inauguration[4].

Having a free press is important. It has always been protection against secret government and tyranny, asserts US free press advocate Trevor Timm[4]. If one party controls the government, the press is the only way the public can force accountability on government. However, if the media reports news that the government doesn't like or agree with, some people in the government attempt to discredit the media by stating that reliable news outlets are producing "fake news". If people believe news is "fake news", they will not believe accurate reporting criticizing the government or describing government misdeeds.

The government's standpoint is that national security is more important than anything else. Most people would agree that the media should not publish a story if it could harm national security or put people in danger, so in those cases, the press should not be completely free. However, there is a problem if the government attempts to prevent the publishing of news which is in the public interest. In this situation, people in the US should demand that freedom of the press be protected.

---

the First Amendment of the United States Constitution：アメリカ合衆国憲法修正第1条
Freedom of Press index：報道の自由指数
in the name of national security：国家の安全保障の名の下に　　leakers：告発者
threatened with lawsuits：訴訟の脅威にさらされて　　Espionage Act：スパイ法
were prosecuted 起訴された　　covering protests：抗議行動の取材
at a recent inauguration：最近の就任式で　　US free press advocate：米国の自由報道支持者
force accountability on government：政府に説明責任を強く求める
discredit the media：メディアの信用を傷づける　　reliable news outlets：信頼できるマスコミ
government misdeeds：政府の悪行　　in the public interest：公共の利益のために

---

a) The First Amendment of the US constitution protects free speech and freedom of the press.

b) The USA is ranked 45th out of 180 countries in the Freedom of Press index (RSF)

c) Having a free press is important.

d) Journalists and leakers are threatened with lawsuits.

e) A free press has always been protection against secret government and tyranny.

f) If a story could harm national security or put people in danger, the media should not publish it.

g) If one party controls the government, the press is the only way the public can force accountability on government.

h) People should demand that freedom of the press be protected in the U.S. if the news is in the public interest, and will not harm national security or put people in danger.

i) Some stories may harm national security or put people in danger.

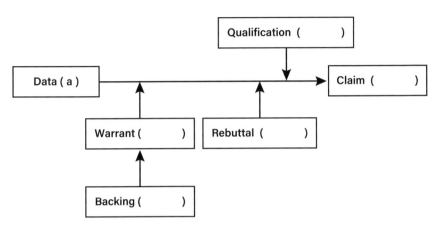

[Press Freedom in Turkmenistan]

Exercise 1.2

Read the text and identify the components of the argument. Write the information below using words from the text or your own words. Check your answers in the notes at the end of this unit.

It is important for citizens of all countries to have freedom of information. Article 19 of the United Nations Universal Declaration of Human Rights[5] states that people should have the right to "seek, receive and impart information and ideas through any media and regardless of frontiers." Thus, a free press is essential. Turkmenistan is ranked 179th out of 180 in the 2020 Reporters without Borders World Press Freedom Ranking[6]. This is because the government controls all media and only a few people can access the internet, which is highly censored. In recent years, journalists have been arrested, tortured, attacked, or forced to stop working[6]. As the government is at the root of the problem, international organizations should pressure the Turkmenistan government to improve the situation. Although some may say that the citizens of Turkmenistan should be asked whether they want press freedom, and then, only if the majority would prefer a free press should international organizations act on their behalf.

Article 19 of the United Nations Universal Declaration of Human Rights：
国連世界人権宣言第19条　　impart information and ideas：情報や考えを伝える
regardless of frontiers：国境を超えて　　highly censored：厳しい検閲のある
tortured：拷問を受けて　　act on their behalf：彼らに代わって行動を起こす

Claim :

Data :

Warrant :

Backing :

Rebuttal :

Qualification :

Discussion

A) Pre-discussion

Read these questions. What is your claim/opinion? Think of data and warrant(s) to support your claims.

1. Which newspaper is a good newspaper in Japan?
   Claim _____
   Data _____
   Warrant(s) _____

2. Is it necessary to watch or read the news?
   Claim _____
   Data _____
   Warrant(s) _____

3. What are the qualities a person needs to be a good journalist?
   Claim _____
   Data _____
   Warrant(s) _____

4. Should the press be free to publish what they like?
   Claim _____
   Data _____
   Warrant(s) _____

B) Discussion

Discuss the above questions with your classmates or friends.

Notes on Unit 1.

Exercise 1. 1

Claim :   h
Data :   a , b , d
Warrant :   c
Backing :   e , g
Rebuttal :   i
Qualification : f

Exercise 1. 2   *Two possible Toulmin models

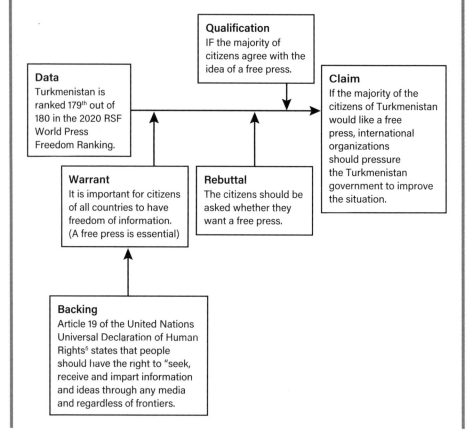

Qualification
IF the majority of citizens agree with the idea of a free press.

Data
Turkmenistan is ranked 179th out of 180 in the 2020 RSF World Press Freedom Ranking.

Claim
If the majority of the citizens of Turkmenistan would like a free press, international organizations should pressure the Turkmenistan government to improve the situation.

Warrant
It is important for citizens of all countries to have freedom of information. (A free press is essential)

Rebuttal
The citizens should be asked whether they want a free press.

Backing
Article 19 of the United Nations Universal Declaration of Human Rights[5] states that people should have the right to "seek, receive and impart information and ideas through any media and regardless of frontiers.

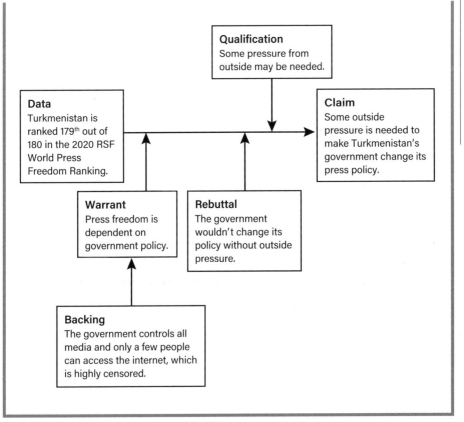

Qualification
Some pressure from outside may be needed.

Data
Turkmenistan is ranked 179th out of 180 in the 2020 RSF World Press Freedom Ranking.

Claim
Some outside pressure is needed to make Turkmenistan's government change its press policy.

Warrant
Press freedom is dependent on government policy.

Rebuttal
The government wouldn't change its policy without outside pressure.

Backing
The government controls all media and only a few people can access the internet, which is highly censored.

Unit 1 References

1. Reporters Without Borders 2020 *World Press Freedom Index.*
   https://rsf.org/en/ranking Accessed 30.1.2021

2. Reporters Without Borders *Japan*
   https://rsf.org/en/japan Accessed 30.1.2021

3. Reporters Without Borders *United States*
   https://rsf.org/en/united-states Accessed 30.1.2021

4. D'Arcy, Patrick. Aug.11.2017 *Why freedom of the press is more important now than ever*
   https://ideas.ted.com/why-freedom-of-the-press-is-more-important-now-than-ever/

5. United Nations *Universal Declaration of Human Rights*
   https://www.un.org/en/universal-declaration-human-rights/

6. Reporters Without Borders *Turkmenistan*
   https://rsf.org/en/turkmenistan Accessed 30.1.2021

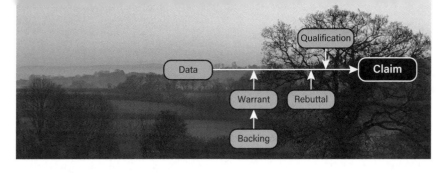

Unit 2 Claims Environment

What is a claim?

You are surrounded by claims in all aspects of your daily life. A claim is an opinion and the writer (or speaker) is often trying to persuade the reader (or listener) to accept that what is said is true. Claims may be made by other people: in your classroom or workplace, at home, or on the internet. For example, at university or college, students may make claims such as "That class is too difficult." or "The university should have better food in the cafeteria." If you read an article about electric vehicles, it is likely to contain claims that an electric vehicle is more environmentally-friendly than cars which use petrol. When you watch or see an advertisement, there are claims: "This product is better than it used to be." or "This product is not tested on animals." Being able to not only notice a claim, but to consider how well it is supported and whether to believe it or not, are valuable skills, especially when you are faced with conflicting information.

You also make claims. When you make a decision or try to solve a problem, your conclusion is a kind of claim. For example, you want a new car and have narrowed the choice to two: electric or petrol (gasoline-powered). The Toulmin model below shows the argument from the data to your claim.

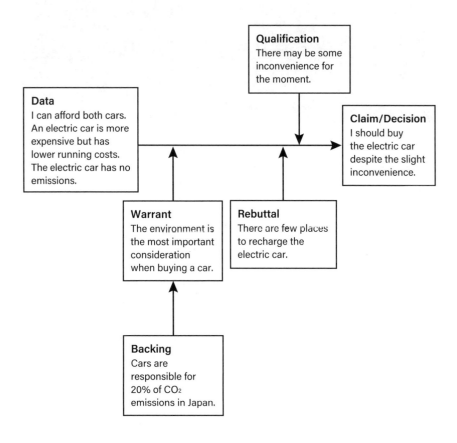

Qualification
There may be some
inconvenience for
the moment.

Data
I can afford both cars.
An electric car is more
expensive but has
lower running costs.
The electric car has no
emissions.

Claim/Decision
I should buy
the electric car
despite the slight
inconvenience.

Warrant
The environment is
the most important
consideration
when buying a car.

Rebuttal
There are few places
to recharge the
electric car.

Backing
Cars are
responsible for
20% of CO_2
emissions in Japan.

Identifying claims

A claim is often a statement that the speaker or writer wants other people to believe. The speaker or writer may (or may not) present evidence for their claims.

In this section, we will practice identifying the main claims in different opinions on *climate change.*

[Climate change skeptics]

Exercise 2.1

The following are opinions of "climate change skeptics": people who don't believe that climate change is happening, is bad, or that it is caused by human activity. Underline the main claim or conclusion in each opinion. In some cases, the claim can be found after words such as "so" or "therefore" or before words such as "because".

[Climate Change Skeptics]

1. Climate change is exaggerated by scientists who want to get more research funding, by politicians who have their own agenda, and by unfriendly governments who want to damage the economy in our country. Therefore, climate change is just a hoax.

2. Although governments and organizations make more and more dire predictions about the future of the earth's climate, climate change is actually good for the earth. This is because it will allow crops to be grown in more places as those places get warmer and it will open access to Arctic regions so that we can extract the resources there.

3. If you look at the earth's surface temperatures, you can see that global warming has stopped. U.S. Senator Tom Cotton said, "The simple fact is that for the last 16 years the earth's temperature has not warmed. That's the facts..." [1]

4. Climate change is a natural cycle that has happened many times before. Changes in the earth's orbit, called Milankovitch cycles, cause changes in the amount of sunlight that the Earth receives and can change temperatures by around 6 degrees, so you can see that the current change is not related to human activity. [2]

5. The weather is really cold in my area. It's usually a lot warmer at this time of the year. As ex-president Trump tweeted "It's freezing in New York – where the hell is global warming?" [3] If the Earth really was getting warmer, we wouldn't have this very cold weather.

[Climate change believers]

Exercise 2.2

The following opinions are from "climate change believers": People who believe that climate change is happening and that it is caused by human activity.

Underline the <u>main</u> claim or conclusion in each text.

[Climate Change Skeptics]

A. Rapid climate change is the prime suspect in most mass extinction events, including the Great Dying some 250 million years ago, in which 90% of all life went extinct.[4] It is clear that, as the current change is very rapid, the extinction of a great number of species is very likely in the near future.

B. Major scientific organizations such as the IPCC, and the Science Council of Japan agree that the climate is getting warmer because of human activity. In fact, 97% of academic papers published by climate scientists agree with this stance. Even large fossil fuel companies such as Shell Oil have expressed concern about climate change and recommend action. Therefore, it is clear that climate change is not a hoax.[5]

C. According to the European Commission, the amount of CO_2 in the atmosphere has increased by more than 40% since industrialization and the planet is now on average 0.85°C warmer than in the late 19th century.[6] The IPCC says that this is "extremely likely" to be the result of human activity.[7] Therefore, it is nonsense to say that climate change is unrelated to human activity.

D. Weather is not the same as climate. Weather refers to the conditions in one place over a short period of time. Climate is long-term and large-scale, so single weather events do not represent the global climate.

E. Global surface temperatures have only increased by 0.2 degrees over the past 15 years, but surface temperatures only account for about 2% of warming. The earth is actually accumulating four Hiroshima bomb's worth of heat every second, so obviously, warming has not stopped.[8]

---

prime suspect：疑わしい主要因　　mass extinction events：大量絶滅に関する問題
the Great Dying：〔地球上の生物種の〕大絶滅，古生代と中生代の間に起きたペルム紀 − 三畳紀絶滅
(the Permian-Triassic extinction)を指す。
IPCC：国連気候変動に関する政府間パネル(Intergovernmental Panel on Climate Change)の略
agree with this stance：この考え方に賛成する　　fossil fuel companies：化石燃料会社
recommend action：推奨する活動　　European Commission：欧州委員会
"extremely likely" to be：〜である可能性が非常に高い
global surface temperatures：地球の表面温度
account for about 2% of warming：温暖化の約2％を占める
Hiroshima bomb's worth of heat：広島の原爆にも値する熱量

Exercise 2.3

Write the main claim of texts 1 to 5 (Exercise 2.1) in the table below. Match each claim to a counter-claim in texts A to E (Exercise 2.2).

Which of these claims do you believe? Why?
Did the texts provide any evidence to support each claim?

Climate change skeptics Claims	Climate change believers Claims
1 Climate change is a hoax.	B Climate change is not a hoax.
2	
3	
4	
5	

Asking questions about the Claim

Whenever you hear a claim, it is a good idea to consider what more information you need to find out to believe the claim. One way of doing this is to ask questions. For example, some questions about the above claims could include the following.

Claim 1:
- What examples of scientists, politicians and unfriendly governments are there?
- How many scientists is this speaker talking about?
  What do the majority of scientists who are experts in this field say?

Claim 3:
- Where did Senator Cotton get this information?
- What does he mean when he says "the Earth" is not warming?
- Does he mean the land, the sea, the atmosphere?
- Does he really believe this or is he just saying what he thinks his audience wants to hear?

Claim E:
- How did the writer calculate this?
- Where did he get the data from?
- Where is this accumulation happening?
- Why did he mention Hiroshima?

Identifying Persuasive Language in the Claim

The language and the tone of the text you read may help persuade you to believe the writer's claim. Therefore, it is useful to be able to recognize the persuasive images and words that could affect your judgment. Writers may use vivid images, either in pictures or in expressions, such as the use of the Hiroshima image in Claim E. Writers may choose words that are extreme, have positive or negative associations, or trigger your emotions.

The following media headlines and excerpts from articles on the Fukushima nuclear power plant show how persuasive language can be used. In October 2020, the media discussed a controversial plan to discharge water from the Fukushima nuclear power plant into the Pacific Ocean. Look at headlines A and B, and excerpts C and D.

A. Japan plans to release Fukushima water into Pacific Ocean (Financial Times Oct 16 2020)[9]

B. Radioactive Fukushima waste water contains substances which 'could damage human DNA', Greenpeace warns(Independent 26 Oct 2020)[10]

C. The water which the Japanese government wants to release into the Pacific Ocean has dangerous levels of Carbon-14, which has a half-life of 5370 years and becomes incorporated into all living matter.(Greenpeace[11])

D. Critics, like Greenpeace, weighed in with the usual every-atom-is-dangerous and this water should be stored and treated forever. They don't seem to understand the radiation and chemistry of tritium. But few do. Those of us who do understand have suggested slowly releasing the tritium-contaminated water into the Pacific Ocean over about a ten-year period. (Conca[12])

➢ Headline A is neutral.
➢ Headline B includes the words "radioactive", which has a negative association, and "damage human DNA", which creates an emotional response.
➢ In Excerpt C, "dangerous levels" creates fear, "a half-life *of 5370 years*" is related to radioactivity and has negative associations. Furthermore, "all living matter" encourages readers to infer that radioactive carbon will directly affect them and all other living things, thus creating more fear.
➢ In Excerpt D, "weigh in" implies unwelcome participation, and "the usual" dismisses Greenpeace's argument as repetitive and perhaps not relevant. Additionally, "*every-atom-is-dangerous*" distorts Greenpeace's argument in order to ridicule it, and "Those of us who do understand" implies that only the writer's opinion can be trusted and that others do not understand properly.

Exercise 2.4

Underline the persuasive language used in the following claims. How does the language help persuade the reader? Does it include "extreme" language, "negative or positive asso-ciations", or "emotional" language?

1. Meat eaters are one of the main perpetrators of the current sixth mass extinction.
2. The selfish idiots who park in a supermarket car park with the engine running should be arrested for public endangerment.
3. If we do nothing now, there will be nothing left of the countryside for our grandchildren.
4. The idea of having to pay for plastic bags is ridiculous. Why doesn't the government target the real culprits such as packaging companies?
5. A change from petrol-driven to electric vehicles is absolutely essential for the reduction of CO_2 in the atmosphere.
6. If a new agreement on how to restrict the increase in global temperatures to less than 2°C is not reached, there will be catastrophic consequences.
7. Pollution of coastal areas by fertilizer has created more than 400 dead zones with a combined area greater than that of the UK.[13]
8. Species loss is happening at 100 times the normal rate.[14]

---

perpetrators of the current sixth mass extinction：現時点で第6回目の大量絶滅の加害者
be arrested for public endangerment：公共を危険にさらすとして逮捕される
target the real culprits ：本当の犯人を狙う　　reduction of CO_2：CO_2の削減
catastrophic consequences：壊滅的な結果

Using persuasive language is one way to convince people to accept what you are saying. However, if you want to persuade someone to accept your claims, you still need to provide evidence to support your claim or conclusion. If you do not, you have not produced a reasoned argument.

An argument consists, at the very least, of reasons and conclusions. As you have seen, in the Toulmin model, the data, warrant and claim, are further supported and modified by the backing, rebuttal and qualifications.

For this discussion, we will focus on claims. You should support your claim with reasons. However, as yet, it is not necessary to analyze whether your reasons are data, warrant, backing or qualification, as each of these aspects will be introduced and practiced in future units.

Discussion

A) Pre-discussion

Think about these questions.

Do you..

1. buy convenience store food or make your own meals?
2. use a flask or buy drinks in PET bottles?
3. buy new clothes each season or use the clothes you already have?
4. travel by transport using fossil fuels or some other form of transport?

Why? / Why not?

B) Discussion

Look at the following questions. For each question, what is your opinion? This will be your claim.

Before you discuss the questions, try to find some evidence for your claim. If you cannot find factual evidence, list three reasons why you hold that opinion.

In addition, you should consider what language may help you to persuade your partners.

Discuss these questions with your partners.

1. Which do you think is more important?
   1) Making a small contribution to reduce climate change.
   2) Personal convenience.

2. Despite warnings about climate change, why do many people make no change to their lifestyle?

3. The following claim was made by Sir David Attenborough, a famous natural historian, in his documentary "A Life on Our Planet". Is this statement justified?

   "We must radically reduce the way we farm. We must change our diet.
   The planet cannot support billions of meat-eaters.[15]

25

Notes on Unit 2

Exercise 2.1 - 2.2

Climate change skeptics Claims	Climate change believers Claims
1 Climate change is a hoax.	B Climate change is not a hoax.
2 Climate change is good for the earth.	A The extinction of a great number of species is very likely in the near future.
3 Global warming has stopped.	E Warming has not stopped.
4 Current climate change is not related to human activity.	C It is nonsense to say that climate change is unrelated to human activity.
5 If the earth really was getting warmer, we wouldn't have (this) very cold weather.	D Single weather events do not represent the global climate.

Exercise 2.3

Claims with supporting evidence are:

In Exercise 2.1: claims 3 and 4

In Exercise 2.2: claims A, B, C, and D.

Some of the supporting evidence is more credible as the information comes from respected organizations.

Exercise 2.4

1. perpetrators – association with criminals

   mass extinction – extreme and triggers fear

2. selfish idiots – triggers emotions

   endangerment – triggers fear

3. nothing left – extreme and triggers fear

4. ridiculous - extreme
   real culprits – negative association with criminals

5. absolutely essential - extreme

6. catastrophic – extreme and triggers fear

7. dead zones – negative association
   greater than that of the UK – triggers surprise/shock

8. 100 times the normal rate – triggers shock/surprise

Unit 2 References

1. Cranley, E. Apr 30 2019 *These are the 130 current members of Congress who have doubted or denied climate change.* Business Insider
https://www.businessinsider.com/climate-change-and-republicans-congress-global-warming-2019-2#florida-7

2. Lee, H. Jul 21 2020 *How Earth's Climate Changes Naturally (and Why Things Are Different Now)?* Quanta Magazine
https://www.quantamagazine.org/how-earths-climate-changes-naturally-and-why-things-are-different-now-20200721/

3. Cheung, H. Jan 23 2020 *What does Trump actually believe on climate change?*
BBC News
https://www.bbc.com/news/world-us-canada-51213003

4. Beck, C. Jan 10 2007 *The problem is not how high the temperature may go, but how fast it is changing.*
https://grist.org/climate-energy/whats-wrong-with-warmer-weather/

5. Beck, C. Nov 14 2006 *'Global warming is a hoax'–I wish James Inhofe were just a hoax ...*
https://grist.org/climate-energy/global-warming-is-a-hoax/

6. European Commission n.d. *Causes of climate change*
https://ec.europa.eu/clima/change/causes_en

7. NASA n.d. *Global Climate Change: How Do We know?*
https://climate.nasa.gov/evidence/

8. Nuccitelli, D. May 6 2014 *The top ten global warming 'skeptic' arguments answered* The Guardian
https://www.theguardian.com/environment/climate-consensus-97-per-cent/2014/may/06/top-ten-global-warming-skeptic-arguments-debunked

9. Harding, R. Oct 16 2020 *Japan plans to release Fukushima water into Pacific Ocean* Financial Times
https://www.ft.com/content/f6e454ef-1b3c-4dda-8c3b-c4cc2e9669a9

10. Cockburn, H. Oct 26 2020 *Radioactive Fukushima waste water contains substances which 'could damage human DNA', Greenpeace warns.*
https://www.independent.co.uk/environment/japan-fukushima-greenpeace-radioactive-waste-water-ocean-dna-b1343258.html

11. Burnie, S. Oct 2020 *The reality of the Fukushima radioactive water crisis.* Greenpeace Germany.
https://storage.googleapis.com/planet4-japan-stateless/2020/10/5768c541-the-reality-of-the-fukushima-radioactive-water-crisis_en_summary.pdf

12. Conca, J. Sep 12 2019 *It's Really OK if Japan Dumps Radioactive Fukushima Water Into The Ocean.* Forbes
https://www.forbes.com/sites/jamesconca/2019/09/12/its-really-ok-if-japan-dumps-radioactive-fukushima-water-into-the-ocean/?sh=1024588b298d

13. Det Norske Veritas n.d. *Towards wider use of ocean space.* DVT GL
https://www.dnvgl.com/about/index.html

14. Rowlatt, J. Sep 11 2020 *Sir David Attenborough makes stark warning about species extinction.* BBC News
https://www.bbc.com/news/science-environment-54118769

15. Ho, S. Sep 2 2020 *David Attenborough Urges People To Ditch Meat In New Film.*
https://www.greenqueen.com.hk/sir-david-attenborough-urges-people-to-ditch-meat-in-new-film/

Source:Pixabay,Gerd Altmann

Unit 3 Data   Social Network Sites

Why do you need data?

Data is the evidence you need to support your claim. Put another way, it is the reason why you came to a conclusion. If you have no data, you have no argument. For example, if your friend says, "Instagram is the most popular social networking site", she is making a claim, but has offered no data to support her claim, so you are not likely to be persuaded that she is right.

There are many types of data, depending on the type of claim you are making. For example, in a mystery novel, the data may be the clues which lead you to conclude who committed the crime; in a trial, data may include video of the suspect committing the crime; or for a scientific conclusion, data may include the results of experiments. In the case of your friend who likes Instagram, the data is likely to be her opinions, for example, "Most of my friends like Instagram". If she really wanted to persuade, the data would need to be more objective.

The diagram below shows how the data relate to the claim; they are connected by "so". In each case, if this were an academic situation, more evidence would be needed to support each of the claims.

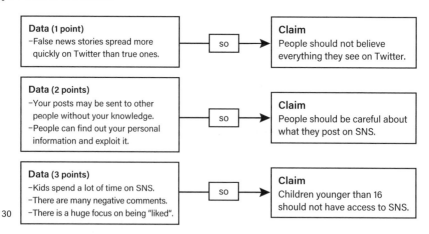

Identifying data

A claim by itself is not an argument. An essential basis of an argument is data that support the main claim. In this section, we will practice identifying the data that support the main claim, and learn how to ask questions about the provided data.

Read the following article about *Social networks and the spread of fake news*.

Social networks may be convenient for finding out what is happening because they break news stories rapidly, provide information that could not be found by ordinary journalistic methods, and allow access to personal stories that add individual perspectives to major news events. However, not everything you read on Twitter, or other social networks is true. This is probably no surprise, and there are scores of media and academic articles on misinformation, disinformation and rumor, but did you know how quickly rumors and false information spread?

One study done by MIT researchers[1] shows that false news on Twitter travels faster and further than the truth. In fact, their study found that false news stories were 70% more likely to be retweeted than true stories, and that false stories reached 1500 people six times more quickly than true stories. Worryingly, the misinformation was spread by people, not bots which had been programmed to spread disinformation. Apparently, one of the reasons why people are more likely to pass on false news is that it is more surprising or unusual. Whatever the reason, and whether the false news is spread maliciously, or people are spreading it unwittingly, it is important to try to limit the circulation of misinformation. To help achieve this goal, as one of the researchers said, you should "think before you retweet[1]."

---

break news stories rapidly：ニュースを素早く伝える
add individual perspectives: 個々の視点を加える
scores of：大量の　　misinformation, disinformation and rumor：誤報・虚偽情報・うわさ話
MIT：マサチューセッツ工科大学
bot：ボット（インターネット上で検索のために他のサイトのページを自動的に収集するソフトウエアロボット）
spread maliciously：悪意を持って広がる　　unwittingly: 無意識のうちに
the circulation of misinformation：誤った情報の流布

Exercise 3.1

What data is given to support the researchers' claim that false news on Twitter travels faster and further than the truth.

Data points

1 _____

2 _____

Credibility of Data

"Is it fact or opinion?" is one of the first questions to ask about data that is used in an argument. Data is often presented as "fact" but may not be factual at all. Generally, asking questions helps you decide whether to believe any presented information. People often forget to question what they see on their SNS.

To question the credibility of data, some general questions you could ask are:
- Is the data clearly fact or opinion?
- Is there enough data?
- Is the data biased in any way?
- Does the person providing the data gain anything from lying or omitting information?
- Does the person providing the data really have access to all the information needed?
- Is the person providing the data an expert?
- Does the person/organization providing the data have a good reputation?
- Can the data be confirmed using other reliable sources?

Read the article above again and think of, at least, two questions about the information given.

Question

1 _____

2 _____

What questions did you ask about the data in the article?
Some questions that you could have asked include:

1. Who are the researchers? Do they seem reliable?
2. How did the researchers define "false news"?
3. How did they measure the speed of the spread of information?
4. How much data did they use in their study?
5. How did they know that people pass on news because it is more surprising?
6. How do they know that bots are not responsible for the misinformation?
7. What type of news did they investigate?

To find out the answers to any of your questions, you could read articles written about this study or other articles on the same subject. It is important that you don't just accept the information that you are given as factual.

Fact or Opinion

"Is it fact or opinion?" is one of the first questions to ask about data that is used in an argument.

Exercise 3.2

The following are similar to statements that can be found on blogs about travel to Japan. If you were travelling to Japan from abroad, which of the statements would you believe?

Write **F** if you think the statement is a fact, **O** if you think the statement is an opinion, and **C** if you think the statement *may* be a fact but you need to check it.

1. Japan is a great country for women travelers. (　　)
2. Crime is basically nonexistent in Japan. (　　)
3. The risk of earthquakes in Japan is no greater than the risk in San Francisco. (　　)
4. Respect runs through every part of Japanese society and culture. (　　)
5. Healthcare is expensive in Japan. (　　)
6. Japanese rail passes are only available to foreigners and you can't get one inside

Japan. (　　)

7. Soaking in a hot spring is one of the typical things to do in Japan. (　　)
8. In large cities, you may not be noticed, but in the countryside, you'll really stand out if you don't look Japanese. (　　)
9. Free WiFi is easily available in many public places in Japan and you can use Google Translate to translate signs etc. (　　)
10. Almost all dishes in Japan contain meat or fish products. (　　)

Sources of Data

Another common question is about the source of the data. "Is the source of the information believable?"

The information below (1-5) concerns the COVID-19 virus outbreak from 2019 and was found on the internet in 2020/2021.

Exercise 3.3

Would you believe these arguments if your friend retweeted them to you? Explain why you would or would not completely believe the information in each case.

1. Source: Unknown
   Data: Garlic kills viruses.
   Argument: Garlic kills viruses so you should eat a lot of garlic.

2. Source: A videoblogger
   Data: A video of a person lying dead on the street in the distance.
   Argument: There are people lying dead on the street, which proves that the hospitals cannot deal with the high number of people who are dying from Covid19.

3. Source: The World Health Organization
   Data: There have been more than 1. 8 million deaths from COVID-19 as of January 3rd 2021[2].
   Argument: COVID-19 is a lethal virus, so vaccines should be distributed as

quickly as possible.

4. Source: The president of a large country
   Data: The number of cases of COVID-19 is falling, not rising.
   Argument: The number of COVID-19 cases is falling so we don't need to worry.

5. Source: A mask manufacturer's advertisement on YouTube
   Data: This mask prevents virus transmission.
   Argument: This mask prevents virus transmission so you should buy this mask.

Statistics

A third question concerns statistics. Statistics are often used as data to support claims, but they may not be as clear as they seem.

Exercise 3.4

Answer the questions below about interpreting statistics.

1. Do you have any questions about the following statistics?

   1) Almost 75% of people in Japan aged 16-64 use YouTube every month[3].
   2) The average Twitter user has 707 followers[4].
   3) According to a Cabinet Office survey, in 2018, the average time spent online for people aged between 10 and 17 in Japan was 2 hours and 49 minutes.[5]

2. Look at chart A[6]. What is the problem with the following statement?

   "US teens spend a total of 7 hours and 59 minutes on media activities per day".

Chart A

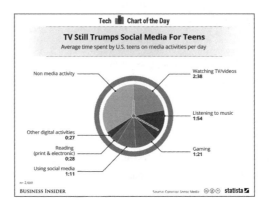

Tech 📊 Chart of the Day

TV Still Trumps Social Media For Teens
Average time spent by U.S. teens on media activities per day

- Non media activity
- Watching TV/videos 2:38
- Listening to music 1:54
- Other digital activities 0:27
- Reading (print & electronic) 0:28
- Using social media 1:11
- Gaming 1:21

n= 2,600

BUSINESS INSIDER   Source: Common Sense Media ⊖ ⊕ ⊙ **statista** 🗹

https://www.businessinsider.in/Teens-are-entertaining-
themselves-the-same-ways-they-always-have/
articleshow/49775089.cms

3. Look at Charts B[7] and C[8].

How do they make you feel that there has been a large increase of average time spent
using digital media?

Chart B

**Traditional* vs. Digital Media: Average Time Spent in South
Korea, 2015-2021**
hrs:mins per day among population

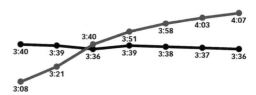

| 2015 | 2016 | 2017 | 2018 | 2019 | 2020 | 2021 |

■ Digital   ■ Traditional*

*Note: ages 18+; time spent with each medium includes all time spent with
that medium, regardless of device or multitasking; *includes time spent on
TV, newspapers, magazines and radio*
Source: eMarketer, April 2019

T10194   www.**eMarketer**.com

https://www.emarketer.com/content/south-korea-time-spent-
with-media-2019

Chart C

Daily Time Spent per User

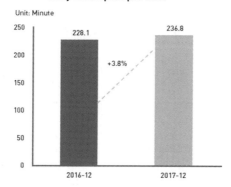

Unit: Minute

https://www.questmobile.com.cn/blog/
en/blog_130.html

Discussion

A) Pre-discussion

Make a list of three pieces of information that you have seen on your SNS.
Are you sure they are true?
Choose True, False, or Not sure.

	True	False	Not sure
• _____	____	____	____
• _____	____	____	____
• _____	____	____	____

B) Discussion

1. Discuss your list with your partners. Why are you sure / not sure that the information is true?

2. What is your opinion of "citizen journalism"?
   *Citizen journalism is when ordinary citizens who are at the scene of an event or incident upload their videos, photos and comments as eyewitnesses.

3. What might be the advantages and disadvantages of using videos, photos or comments from ordinary citizens as data to support a claim?

Notes on Unit 3

Exercise 3.1

- false news stories were 70% more likely to be retweeted than true stories
- false stories reached 1500 people six times more quickly than true stories

Exercise 3.2

1 O It is difficult to check this as the statement is so subjective.

2 O "Non-existent" is exaggerated language. It is not supposed to be believed.

3 C This sounds as if it may be true and it is possible to check.

4 O This is a subjective statement based on a cultural stereotype.

5 O This may be true for some people, but the key point is the comparison between the healthcare in Japan and the healthcare in your home country and the state of your health insurance.

6 C This sounds true, but if you were a foreign tourist, you would want to check.

7 O Opinion. It is not typical for everyone.

8 C This is an opinion, but it can also be checked by reading a large number and diverse range of traveler stories from various sources.

9 F/C The possibility of using Google translate is a fact. However, you may want to double-check about the WiFi if you were going to travel to Japan from abroad.

10 C It sounds as if it may be a fact and can be checked.

Exercise 3.3

1. No. The source of the information is unknown so the source reliability cannot be checked.

2. No. The reputation, credibility, honesty and expertise of the videoblogger is unknown.

3. Yes. The WHO is generally agreed to be a reliable source of information.

4. This would partly depend on which president it was, and whether the president has proven to be a responsible and reliable source of information in the past.

5. No. The manufacturer's main objective may be to make a profit.

Exercise 3.4

General questions related to statistics could include:

How was this figure calculated?

How many people were surveyed?

How were those people chosen?

What were the highest and lowest values?

How was the average calculated? There are three kinds of "average".

mean = add up some numbers and divide by the number of numbers

mode = the most common number in a set of data

median = the middle value of a set of numbers if you line them up in a row.

Does "every month" refer to once a month, twice a month or more?

Chart A

The statement does not include the word "average" as it does in the chart.

The statement is based on an unexplained pie chart. For example, it is unclear how many hours are shown in the pie chart. Is it 2 hours and 38 minutes or 2.38 hours? It is also unclear whether the teens were doing any two or more of these things at the same time.

Chart B

The rise from 3:08 to 4:07 looks larger than it would do if the graph's vertical axis started at zero.

Chart C

The rise of 3.8% is exaggerated by drawing a steep upward line from one bar to the other.

Unit 3 References

1. Dizikes, P. Mar 8 2018 *On Twitter, false news travels faster than true stories.* MIT News Office
   http://news.mit.edu/2018/study-twitter-false-news-travels-faster-true-stories-0308

2. World Health Organization Jan 3 2021 *WHO Coronavirus Disease (COVID-19) Dashboard*
   https://covid19.who.int Dec 20

3. Kyle. Jan 3 2020 *Social Media in Japan 2020* Plus Alpha Digital
   https://plusalphadigital.com/social-media-in-japan/

4. Ahlgren, M. Nov 19 2020 *50+ Twitter statistics & facts for 2020*
   https://www.websitehostingrating.com/twitter-statistics/

5. Nippon.com. Mar 14 2019 *Japanese Youth Spending More Time Online*
   https://www.nippon.com/en/japan-data/h00408/japanese-youth-spending-more-time-online.html

6. Business Insider
   https://www.businessinsider.in/Teens-are-entertaining-themselves-the-same-ways-they-always-did Accessed Jan 4 2020.

7. Han, J. May 30 2019 *South Korea Time Spent with Media 2019*
   https://www.emarketer.com/content/south-korea-time-spent-with-media-2019

8. https://www.questmobile.com.cn/blog/en/blog_130.html Accessed Jan 4 2020

Source:Pixabay,Merry Christmas

Unit 4 Warrants Stereotypes

Why do you need a warrant?

A speaker or writer connects data from a specific situation to their own claim or conclusion by applying their knowledge, personal experience, intuition and/or common sense about what they know, or think they know about similar or wider situations[1]. This is called a warrant. Sometimes this connection is justified; sometimes it is not. In a Toulmin model, the warrant provides justification as to why the data leads to the claim. It represents a logical bridge between the data and the claim in the form of a generalization. The warrant is not always clearly stated, but in order to decide whether an argument is logical and persuasive or not, you should identify the warrant and evaluate it.

An example may be that a tall, athletic-looking student is asked whether she is in the basketball team. The unspoken warrant is that tall, sporty students play basketball. Another example is that people often assume that sports players are good at sports but not good at studying, so they might be surprised if they heard that Shaquille O'Neill has a PhD in Education. These arguments are shown in the following diagrams.

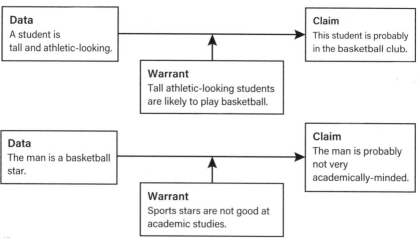

Identifying data, warrants and claims

The warrant represents the general views, assumptions or values of a writer or speaker that provide a link between the data and the claim in an argument.

Exercise 4.1

Read the following three texts about stereotyping.
Identify the data, claim and warrant in each text and fill the blanks in the model from the three choices A, B and C.

1.

Where I grew up it was normal for people to think that it was the role of women to serve men and look pretty. For someone like me, who is not pretty and is not interested in make-up, clothes, or any other kind of decoration, it was difficult. To make matters worse, I wanted to go to university, get a degree in psychology and start a career. My parents were horrified. In their eyes, I should settle down, get married and have children. Then, I should devote myself to taking care of my husband and kids and be a "good" wife and mother. I couldn't imagine anything worse. I'm not against marriage, and if someone wants to spend their life taking care of their family, it's their choice, but women do not have to do that just because they are women. That is why I am studying for my PhD now. I am going to change society's view that women exist to serve men.

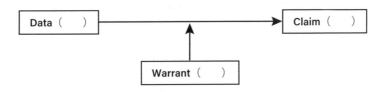

A. I am female. I am studying a PhD. I do not want to raise a family. My parents did not support my wish to go to university.
B. I am going to change society's view that women exist to serve men.
C. Women do not have to spend their life taking care of their family.

43

2.

I used to cover major stories for the newspaper I work for, but when I got past about 45 years old, everyone's attitude towards me changed. People seemed to lose respect for me. In meetings, my opinion was ignored, or in most cases, I simply wasn't asked for my opinion. No one was interested in what I had to say. Even though I used to be a respected reporter, and have a lot of experience reporting hard news, the new editor, who was younger than me, didn't want to know. The important stories were given to younger reporters, and I was left out. When I complained to the editor and asked for more challenging assignments, the editor just said that I shouldn't worry about doing the more difficult assignments. The younger and more aggressive reporters could do all the investigation and I should focus on the less stressful work of background research. It wasn't only me either. All my contemporaries faced the same problem.

cover major stories：主要な部分を担当する　　hard news：硬派のニュース
challenging assignments：挑戦しがいのある課題
All my contemporaries：私と同じ世代の人達全員

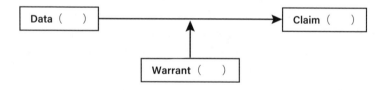

A. The speaker should focus on less stressful work.

B. The speaker is over 45 years old. The speaker is a reporter. The speaker is not being given investigative or difficult assignments.

C. Younger reporters can do a better job reporting important stories than older reporters.

3.

I was born and brought up in Japan. My mother is British. My father is Japanese, and I have Japanese nationality. You'd think no one would really worry about that sort of thing nowadays. However, when I went down to the local work center to find a part-time job, the man at the counter asked me to fill in a form. The first question he asked was "Are you Japanese?" "Yes", I said in Japanese. Then he said, "What nationality are you?" just in case I hadn't understood the first question. So I said, "Japanese". Then he said, "You are Japanese?" This was getting silly, but I just said "Yes" and waited for him to get to the next question. I am not sure why he thought that just because I look different, I am not Japanese. Obviously, Japanese nationality is not always the same as Japanese ethnicity. People, especially officials, should not assume that you are not Japanese just because you look different.

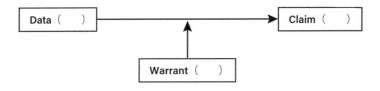

A. Japanese nationality is not always the same as Japanese ethnicity.

B. People, especially officials, should not assume you are not Japanese just because you look different.

C. The speaker is Japanese. The speaker has mixed parentage. The official seems to doubt the speaker's nationality.

Identifying data and warrants

When you communicate, it is helpful if you can identify warrants in other people's, or your own, arguments. In other words, you should try to identify the values, views or assumptions in the speaker's mind, that justify their conclusion. It is quite important to ask questions such as "What is she basing her conclusion on?" or "Does this person have any personal bias that would affect how he views the situation?". This will help you to assess the merit of the argument.

Exercise 4.2

Read the information below about different situations and the dialogue that occurred. In some of the dialogues, the claim, or speaker's conclusion, is not directly stated so the claims have been provided. Identify the fact (data) first, and then identify the underlying warrant that may be supporting each claim. The first one (1) has been completed as an example.

* In each of the situations below, the warrant is supposed to be problematic, because it is based on prejudice, a stereotype or generalization.

1. A teacher at a university stops a scruffy young man in jeans as he is going into the teachers' office.
   Teacher : "Excuse me. Only teachers can go in here."
   Young man : "I am a teacher."

   > Data : The young man looks scruffy. He is going into the teachers' office.
   > Warrant : Teachers are usually not scruffy.
   > (Unstated) Claim : A scruffy-looking person cannot be a teacher.

2. A student is speaking to a young, dark-skinned Asian man behind the information counter of an English language center at a Japanese university.
   Worker : "Hi. How're you doing?"
   Student : "Hi. Which country are you from?"
   Worker : "Japan."

   > Data :
   > Warrant :
   > (Unstated) Claim : You are not Japanese.

3. A student is talking to his friend from Cambodia.
   Student : "Do you want to try this curry. It's really hot and spicy so I'm sure you'll like it."

   > Data :
   > Warrant :
   > Claim : I'm sure you will like this hot, spicy curry.

4. A young man and an older woman buy a lot of books in a book shop and the woman takes the heavy bag of books from the cashier.

Cashier:"You should carry those for your mother, young man."

Data :
Warrant :
Claim : You should carry those books for your mother.

5. A young Japanese woman is talking to her mother about her planned holiday to Southeast Asia.

Mother : "You shouldn't go abroad for your holiday. It's too dangerous.

Data :
Warrant :
Claim : You shouldn't go abroad for your holiday.

6. A man and his girlfriend are shopping in Tokyo.

Man :"Oh no! I think someone has stolen my wallet!"

Woman : "Well, there are lots of foreigners round here."

Data :
Warrant :
(Unstated) Claim : Maybe a foreigner stole your wallet.

7. Two students are discussing how to keep in touch with their high school teacher after they graduate.

Student 1 : "How about getting her Line?"

Student 2 : "No. She won't use Line. She's at least 50!"

Data :
Warrant :
(Unstated) Claim : Their teacher doesn't use Line.

8. Two managers are discussing which person to hire.

Manager 1: "I don't think we should hire this person. He has changed jobs three times in the last two years."

Data :

Warrant :

Claim : I don't think we should hire this person.

Overgeneralizing

Over-generalizing is a common problem with warrants. This is particularly true in casual speech when people may not pay much attention to what they are saying.

Exercise 4.3

Read the following arguments. What generalizations have been made?
After reading the example, complete the sentences a–c.

Example

My friend is an American. Americans like hamburgers. So, I'm going to cook hamburgers when she comes to visit.

The speaker assumes that <u>Americans like hamburgers,</u>
probably because <u>her American friend likes hamburgers.</u>

a. There are two candidates for the job: one Japanese and one British. The Japanese person we hired before was very polite and service-oriented, so we should hire the Japanese candidate.

The speaker assumes that_____,
probably because_____.

b. I'm going to Ireland on holiday. One of my colleagues is from Ireland and he has a very strong accent, so I am worried that I won't be able to understand what people are saying to me.

The speaker assumes that_____,
probably because_____   _____.

c. If you want to have kids and a career, you shouldn't marry a Japanese man. My friend
is married to a Japanese man and he never lifts a finger in the house. She has to do all
the housework and all the childcare as well as working a full-time job.

The speaker assumes that_____,
probably because_____.

Exercise 4.4

The vocabulary below is useful when discussing stereotypes. Match the definitions 1 - 12
from the Cambridge Dictionary[2] with the words in the target language box. For each
word, give an example that you have heard of or seen.
e.g. Nationalism – Donald Trump's "Make America Great Again" slogan.

Target language
bias   racism   sexism   ageism   assume   fairness   feminism   prejudice
chauvinist   nationalism   discrimination   preconception

Definitions

_____ 1. a great, or too great, love of your own country

_____ 2. unfair treatment of people because of their age

_____ 3. to accept something to be true without question or proof

_____ 4. an idea or opinion formed before enough information is available to form
it correctly

_____ 5. the feeling of not liking a group of people, or unfair treatment of them,
because they are a different race, sex, or religion.

_____ 6. actions based on the belief that the members of one sex are less intelligent, able or skillful than the members of another sex.

_____ 7. a person who believes that their country or race is better than other countries or races. Or, a man who believes that men are better than women.

_____ 8. showing unfair support for or opposition to something or someone because of your personal opinions

_____ 9. treating someone in a way that is right or reasonable, or treating a group of people equally and not allowing personal opinions to influence your judgment

_____ 10. the belief that women should have the same rights, power, and opportunities as men and be treated in the same way, or the set of activities intended to achieve this state

_____ 11. treating a person or group of people differently, especially in a worse way, from the way in which you treat other people, because of their skin color, sex, sexuality, etc.

_____ 12. the belief that people's qualities are influenced by their race and that the members of other races are not as good as the members of your own, or the resulting unfair treatment of members of other races:

Discussion

A) Pre-discussion

Think of four assumptions, world views or values that you hold that would affect your ability to regard people in a fair way.

A very local example could be:

"Students in the engineering department play a lot of computer games".

A more general example could be:

"Japanese people are cleaner than other nations' people".

1. _____

2. _____

3. _____

4. _____

B) Discussion

Read the following news stories a) and b) from 2018[3].

a) Japan's leading medical university deliberately changed the scores of female candidates to exclude them.
   Many medical doctors in Japan feel this is inevitable because women cannot juggle work as a doctor and childcare.

b) Some high schools in Tokyo offer equal numbers of places to girls and boys. For example, 200 boys and 200 girls. However, girls tend to score higher than boys in entrance tests; therefore, the average score the girls need to get in order to take one of the 200 places is higher than that of the boys.

Discuss the following questions.

1. What is your opinion about these stories?

2. Why did the people involved make these decisions?

3. Is this inequality inevitable?

4. Should changes be made in Japanese society? If so, how?

Notes on Unit 4

Exercise 4.1

Text 1		Text 2		Text 3	
Data	A	Data	B	Data	C
Warrant	C	Warrant	C	Warrant	A
Claim	B	Claim	A	Claim	B

Exercise 4.2

2

Data   The man is Asian, dark-skinned and working in an English language center.

Warrant   A dark-skinned Asian man who can use English is not Japanese.

3

Data   The friend is from Cambodia

Warrant   Cambodian people like hot and spicy curry.

4

Data   A young man and an older woman buy books

The woman carries the books.

Warrant   The woman is the young man's mother

Men should carry heavy things for women.

5

Data   A young Japanese woman is planning a trip to South East Asia.

Warrant   Going abroad is dangerous (for young Japanese women).

6

Data   Someone stole the man's wallet.

They are in a part of Tokyo where there are many foreign people.

Warrant   Foreign people are more likely to steal your wallet.

7

Data   The teacher is over 50.

Warrant   People over 50 years of age don't use Line.

8

Data   The candidate has changed jobs three times in the past two years.

Warrant   People who change jobs relatively frequently are not reliable.

Exercise 4.3

a. The speaker assumes that all Japanese people are polite and service-oriented probably because he has met one Japanese person like that.

b. The speaker assumes that all the people in Ireland have strong accents probably because one colleague does.

c. The speaker assumes that all Japanese husbands do not do housework or childcare probably because a friend's husband is like that.

Exercise 4.4

1	nationalism	5	prejudice	9	fairness
2	ageism	6	sexism	10	feminism
3	assume	7	chauvinist	11	discrimination
4	preconception	8	bias	12	racism

Examples:

ageism: A university that refuses to hire teachers aged over 40.

assume:My friend assumed that because I always wait for her at the station, I would also wait for her today, but I went ahead without her and she got angry.

preconception: Thinking that the weather is always cold and foggy in London before you go there to study abroad.

prejudice: Having a negative attitude towards people who were not born in Japan.

sexism: Not allowing women to join the army, or men to be kindergarten teachers.

chauvinist: Former Prime Minister Mori who complained that women talk too much[4].
bias: The BBC dedicated 93% of its Wimbledon tennis coverage to men's matches.
(according to the Daily Mail)[5]
fairness: Making sure that all students have equal access to adequate Wifi so that they
can do their classes online if necessary.
feminism: Women gaining the right to vote.
discrimination: More black men are stopped and checked by the police than white men.
racism: Far right parties that claim that their race is better than other races.

Unit 4 References

1. Brown, M. and Keeley, S.M. 2018 *Asking the Right Questions. A Guide to Critical Thinking.* Pearson

2. https://dictionary.cambridge.org/dictionary/learner-english and https://dictionary.cambridge.org/dictionary/english/

3. Shoji, H. Aug 26 2018 *A Tokyo Medical School Rigged Exam Results to Favor Men. But Japan's Sexism Problem Runs Even Deeper* https://time.com/5374353/japan-sexism-me-too/

4. BBC. 12 Feb 2021 Yoshiro Mori: *Tokyo Olympics chief steps down over sexism row* https://www.bbc.com/news/world-asia-56020674

5. Figueiredo, R. 17 Jun 2016 *Oh I say! BBC in gender bias row after dedicating 93% of its Wimbledon coverage to men's tennis* https://www.dailymail.co.uk/news/article-3645899/Oh-say-BBC-gender-bias-row-dedicating-93-Wimbledon-coverage-men-s-tennis.html

Unit 5 Backing   Education in Japan

Why do you need backing?

When you argue a point, you are trying to persuade the other person that your suggestion is feasible, your idea is a "good" one, or your opinion is justified. If you want to make a strong argument, you need to show why your claim follows logically from the data provided. A claim such as "If school leavers in Japan want to be able to speak English well, they should spend more time studying English" sounds logical on the surface, but is it really? There are various warrants for this claim. One is that "the more time you spend doing something, the better you will become at doing it". Another is that "studying" English results in "being able to speak it". You need to provide evidence/support/backing to show that these warrants are justifiable. If you do this, other people are more likely to accept your argument.

The backing is different from the data. Data provides factual information about a specific case, instance or event. On the other hand, the backing is more general information that helps you to decide whether the warrant is justified or acceptable. In some cases, unlike data, the backing may not need to be stated, especially if the warrant is widely accepted and the backing is general factual information, as you can see below.

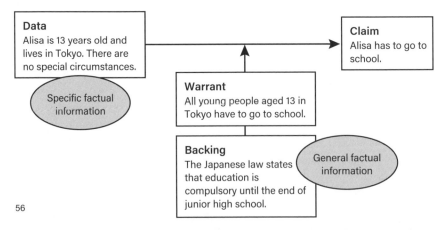

Identifying Data and Backing

Read the following text about active learning. Pay attention to the evidence that supports the writer's claim.

In recent years, although traditional teacher-centered lecture courses that encourage a more passive style of learning may still be prevalent in Japanese universities, particularly in some fields, the words "active learning" have become popular on university campuses in Japan.

What exactly is "active learning"? According to the Cambridge International Education website[1], active learning is "learning which engages students and challenges their thinking". Students "think hard" and relate new knowledge to the information and understanding that they already have. Teachers help students to develop their higher thinking skills by encouraging analysis, evaluation and synthesis of information, and by providing appropriate tasks, learning environments and interaction.

It has been said that students are more successful on university courses if they are taught in an active learning style rather than through traditional lectures. Opportunities such as expressing one's own thinking or presenting research results in class can represent one kind of active learning. According to a survey[2] of around 8300 university students in Japan, more than 70% of students who were given these opportunities perceived an improvement in their analytic and problem-solving skills, while the figure for students who had not had those opportunities was less than 30%.

However, the use of active learning is more frequently seen in some disciplines than in others. The above study[2] found that an average of around 52% of students in humanities and social sciences had the opportunity to present their research and ideas, or discuss in a class, compared with only around 36% of STEM or medical science students. This indicates that perhaps active learning is not perceived as being useful for science or technology fields. However, another research project[3] based on a meta-analysis of 225 studies found that students studying STEM subjects who were learning through lecture-based courses were 1.5 times more likely to fail than students using active learning, and that exam scores increased by 6% for students in active learning classes, so it seems that active learning is also effective in STEM fields.

To my mind, it is clear that active learning in Japanese universities should be encouraged in all disciplines.

teacher-centered：教師中心の	still be prevalent：未だに流行している
active learning：能動的学習	passive：受動的
engage students：生徒を引き込む	challenges their thinking：思考を促す

teacher-centered：教師中心の　　still be prevalent：未だに流行している
active learning：能動的学習　　passive：受動的
engage students：生徒を引き込む　　challenges their thinking：思考を促す
higher thinking skills：高次の思考スキル
analysis, evaluation and synthesis of information：情報の 分析・評価・合成
represent：〜を表している　　perceived an improvement：向上したと気付いた
analytic and problem-solving skills：分析力と問題解決力　　disciplines：学問
humanities and social sciences：人文社会科学
STEM (Science, Technology, Engineering and Mathematics)：2000年代に米国で始まった教育モデルで科学・技術・工学・数学の教育分野の総称
meta-analysis：(メタアナリシス：メタ分析、メタ解析)複数の研究結果を統合してより高い見地から分析すること、またはそのための手法や統計解析のこと

Exercise 5.1

Read the following information (1-4) from the text above. Some of the information describes the situation of Japanese university students at present. This is data. Some of the information supports the idea that students are more successful if they are taught using an active learning style. This is backing.

Write the numbers i – iv in the model below.

1. More than 70% of students who were given active learning opportunities perceived an improvement in their analytic and problem-solving skills, while the figure for students who had not had those opportunities was less than 30%.

2. Only 52% of humanities students and 36% of STEM subject students in a study of 8300 university students in Japan had active learning opportunities.

3. Traditional lecture style classes are common in Japanese universities.

4. Researchers meta-analyzed 225 studies and found that students were 1.5 times more likely to fail if they were taking lecture-based courses and exam results increased by 6% if they were taking active learning classes.

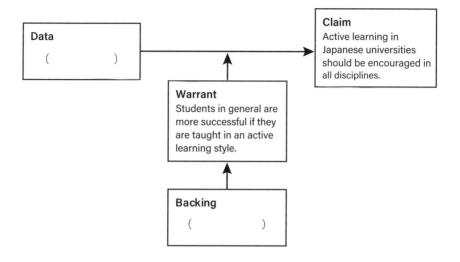

When you are considering the backing, there are a number of questions you should ask yourself:

1. Is there enough backing to support the warrant?
2. What other support would be helpful?
3. Is the backing fact or opinion?
4. Is the backing reliable? / Can we believe it?
5. Is the backing relevant?
6. Is the backing up-to-date?

In the above argument, the backing is provided using factual data from large-scale surveys published in academic articles on respected sites. Therefore, it is factual and likely to be reliable. It is also relevant and reasonably up-to-date as the articles used were published in 2014 and 2018, so it does provide strong support.

In ordinary conversation, or discussion, people do not always have the opportunity to find such authoritative backing. This is not generally a problem as it would be a very tedious conversation that included a study and statistics for every argument. However, problems can arise when people do not have enough time to find adequate backing, because they may rely on backing which does not logically support the argument.

Common problems with backing

Some common problems with backing for warrants especially in casual conversation are outlined below.

1. Appeal to popularity
When people treat opinion as fact because it appears to be a widely-held opinion.

2. The Halo-effect
When people assume that someone who has positive characteristics, being very good-looking, being a good actor, or being a nice person, has other positive characteristics, such as being intelligent or knowing how best to teach young children.

3. Cherry-picking / Confirmation bias
When people look for, choose, present, or remember only the facts or information that confirm or support their assumptions, beliefs or values, and ignore anything that does not.

4. Relience on personal experience
When people use their personal experience, or that of someone they know, as evidence for an assumption made about people or situations in general.

5. Irrelevance
When the evidence provided does not support the warrant, because the two are not logically connected.

6. Incompleteness
When some evidence is provided but other essential supporting evidence is missing, either intentionally or unintentionally.

7. Bias

When people deliberately present only one side of an issue or argument, perhaps because the speaker or writer has a hidden motive.

Exercise 5.2

Read the situation below and identify the data, warrant and claim that Maki's mother might use in her argument.

Maki, a third-year high school student, wants to go to a top-level university and needs to improve her test scores. Her mother thinks she should go to a specific cram school because she believes that this cram school will help Maki to get the scores she needs.

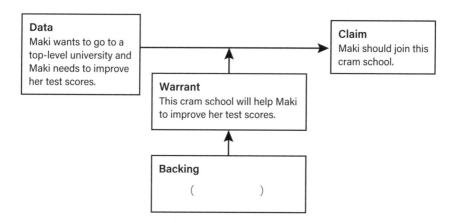

Now, Maki's mother needs to provide some backing for the warrant to make her argument more persuasive. She may use some of the points (a–g) below to support her warrant. However, there are problems with each of these backing points.

Look back at the seven problems outlined above(1–7). Match each of the following examples (a–g) with one of those problems.

a. Maki and her mother go to the cram school (juku). "You should definitely join this juku", her mother says. "Look at all the pictures of students who have succeeded in entering these top universities."

b. A celebrity appears on an advertisement for the cram school and says "This juku is the best chance for you to get the scores you need."

c. The juku manager tells Maki and her mother that this cram school is better than the others because their system of teaching is better.

d. Maki's mother tells Maki that her friend's daughter went to this juku and she got into a top-level university.

e. All of Maki's mother's friends have heard of the juku and have a good opinion of it.

f. The juku manager tells Maki that he went to the same high school as hers.

g. The juku manager tells Maki that 89% of students were able to enter the university of their choice.

Identifying necessary backing

Although you may not always be able to provide enough factual backing for your warrant, it is useful to be able to identify the backing that would make your argument stronger. For example, if you were writing an essay, you could identify the type of backing you need and do some research to find that backing in order to make the argument in your essay more persuasive.

Exercise 5.3
What information could support the following warrants?
Think of some question(s) to help you identify possible backing for each warrant.

1. Online learning

Data   In one university, all classes will be taught online.

Claim   The university should adopt a video-conferencing system such as Zoom for all classes.

Warrant   Video-conferencing is appropriate for all students and all courses.

Question(s) _____

2. International comparisons

Data[4]   Japan came 15th out of 79 on PISA reading test scores in 2018, down from 8th place in 2015. Students from 183 schools in Japan (n=6100) took the test.

Claim   Japanese students' reading skills are getting worse.

Warrants   The PISA test is a reliable measure of Japanese reading skills compared to those of students in other countries. / The scores of students in other countries did not significantly increase in 2018 compared to 2015.

Question(s) _____

3. Elementary school English

Data[5]   MEXT has made English a compulsory subject in the 5th and 6th year of elementary school. / Students have to study English for 70 classes per year. / The objective is "To form the foundation of pupils' communication abilities through foreign languages while developing the understanding of languages and cultures through various experiences, fostering a positive attitude toward communication, and familiarizing pupils with the sounds and basic expressions of foreign languages".

Claim   The new elementary school curriculum will provide a good foundation for junior high school and senior high school English education.

Warrant   Developing an understanding of culture, having a positive attitude to communication and being familiar with sounds and basic expressions create a foundation of communicative ability in a foreign language. / This foundation is connected to the JHS and HS English curriculum.

Question(s) _____

Discussion

A) Pre-discussion

In preparation for the discussion, think about the topics in the table below.
For each topic, make a note of some positive and negative points.

	Positive	Negative
The Common Test for University Admissions		
School club activities		
Use of computers and tablets in junior high school and high school students' classrooms		

B) Discussion

With your partner, construct an argument that supports one of the claims below.
What do you need to find out in order to complete your argument?

1. The Common Test for University Admissions is a good replacement for the old Center Test.

2. Club activities in Japanese junior high and high schools should be restricted to three days per week.

3. Computers and tablets should be used by junior high and high school students, both in class and to research and submit their homework.

Notes on Unit 5

Exercise 5.1

Data (2 , 3)

Backing(1 , 4)

Exercise 5.2

In some cases, more than one answer is possible. These are suggested answers.

a 3 *Cherry-picking.* It is likely that the pictures on the walls show the most successful students.

b 2 *Halo-effect.* The celebrity does not necessarily know anything about the juku but was paid to advertise it.

c 7,6 *Bias.* The juku manager is likely to be biased as it is his job to encourage new students to join.

   Incomplete information. Evidence is needed to support this opinion.

d 4,3 *Reliance on personal experience.* Over-generalization from one specific case.

   Cherry-picking. This is one example. Other less positive examples may have been ignored.

e 1 *Appeal to popularity.* The reasons why the friends have these opinions are not provided.

f 5 *Irrelevance.*

g 6 *Incompleteness.* The statistic may be true, but the manager does not mention which universities the students chose. If all the students chose top-level universities, the evidence may be better support, (but it does not completely justify the warrant).

Exercise 5.3

Answers will vary. Five questions for each warrant have been provided to help search for backing to support the warrant:

1. Warrant

   Video-conferencing is appropriate for all students and all courses.

Suggested Questions:
- Do students have a good enough internet environment to make use of video-conferencing?
- If not, can students be provided with an adequate internet environment?
- Are students able to use the software adequately?
- What kind of course content will be offered and is it possible to adapt the content to a video-conferencing format?
- Are teachers able to make the most of the video-conferencing tools available?

2. Warrants
   - The PISA test is a reliable measure of Japanese reading skills compared to those of students in other countries.
   - The scores of students in other countries did not significantly increase in 2018 compared to 2015.
   - The test content and delivery did not change between 2015 and 2018.

Suggested Questions:
- How does the difficulty of reading in kanji compare with that of reading in a language that uses a simple alphabet?
- How does PISA take this difference into account when measuring reading scores?
- What were the actual scores of the students in different countries in 2015 and 2018, rather than just the ranking?
- Did the test delivery change, for example, from paper-based to computer-based testing?

3. Warrants
   - Developing an understanding of culture, having a positive attitude to communication and being familiar with sounds and basic expressions creates a foundation of communicative ability in a foreign language.
   - This foundation is connected to the JHS and HS English curriculum.

Suggested Questions:
- What kind of cultural activities will promote elementary students' understanding of other cultures?
- How do the contents set out by MEXT promote communicative ability?

- How will the elementary students' English education be conducted?
- What are the objectives of the JHS/HS English curriculum?
- How is the elementary curriculum connected to the junior high school curriculum?

Unit 5 References

1. Cambridge Assessment International Education (n.d.) *Getting started with Active Learning*
   https://www.cambridge-community.org.uk/professional-development/gswal/index.html

2. Yamada, A. and Yamada, R. Nov 5 2018 *The New Movement of Active Learning in Japanese Higher Education: The Analysis of Active Learning Case in Japanese Graduate Programs.*
   https://www.intechopen.com/chapters/63363; published Nov 5, 2018

3. Freeman, S., Eddy, S.A., McDonough, M., Smith, M.K., Okoroafor, N., Jordt, H., and Wenderoth, M.P. 2014 *Active learning increases student performance in science, engineering, and mathematics.*
   PNAS June 10, 111 (23) 8410-8415; first published May 12, 2014
   https://doi.org/10.1073/pnas.1319030111

4. The Japan Times. Dec 4 2019 *In international test, Japan sinks to lowest-ever rank for students' reading skills*
   https://www.japantimes.co.jp/news/2019/12/04/national/japanese-students-drop-countrys-lowest-ever-rank-reading-international-test/

5. Ministry of Education, Culture, Sports, Science and Technology. Mar 17 2011 *Improvement of academic abilities (Courses of Study)- Foreign Language Activities*
   https://www.mext.go.jp/component/english/__icsFiles/afieldfile/2011/03/17/1303755_011.pdf

6. Ministry of Education, Culture, Sports, Science and Technology. (n.d) *Measures based on the Four Basic Policy Directions*
   https://www.mext.go.jp/en/policy/education/lawandplan/titlc01/detail01/sdetail01/1373805.htm

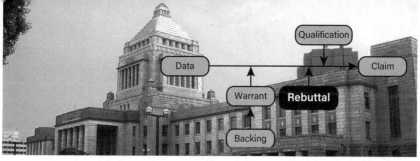

Source:Wikimedia Commons

Unit 6 Rebuttals   Policies

Why do you need a rebuttal?

In ordinary life, it is rare to find or make an argument which is so conclusive that
*   all the data is beyond suspicion,
*   all warrants have been identified and adequately supported by backing,
*   no other interpretation or context could be possible.

As we learned in Unit 4, a warrant connects data and claim. Sometimes this connection is justified, sometimes not. If the warrant is not applicable in a particular case, a rebuttal is needed. According to Toulmin, a rebuttal "indicates circumstances in which the general authority of the warrant would have to be set aside". In other words, a rebuttal is needed to show "exceptional conditions which might be capable of defeating or rebutting the warranted conclusion." [1]

Look at the example below.

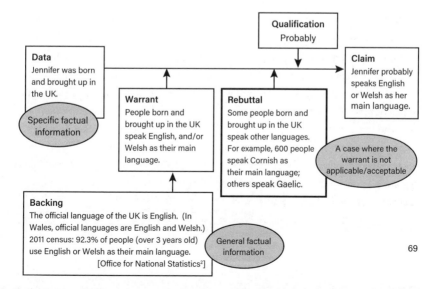

69

In this example, a rebuttal is needed because Jennifer may use a British language other than English or Welsh as her main language. Alternatively, she may have been brought up in a family that values its first language more highly than English, so she speaks a non-indigenous language as her main language. Cases such as these, for which the warrant is not applicable, should be taken into account, and the claim should be adjusted accordingly. In this case, the word "probably" is added to qualify the claim.

Identifying Rebuttals

When you read or hear a claim, or when you make a claim, you should consider whether there are any cases in which the warrant is not applicable.

Exercise 6.1

Read the following text about gun laws in the USA and the UK. Then match the sentences (a-k) below the text with the components of the argument in the diagrams below.

The laws regarding possession of guns are very different in the US and the UK. In the US, the right to keep and carry a gun was established in 1791 as part of the US Constitution, and most US citizens can buy or own a gun. On the other hand, the UK's laws regarding gun ownership are extremely strict, and it is very rare that anyone is allowed to own or carry a gun.

In the US, despite the 1482 mass shootings between 2016 and 2019 and the 15,381 gun deaths in 2019[3], many people are still adamant that the US government should not make the gun laws stricter. Currently, although laws vary by state, almost anyone can buy or carry a gun[4]. The exceptions are those who might be a danger to society if they owned a gun, for example, convicted criminals and people with mental health problems. In addition, children under 18 cannot buy a rifle or shotgun and people under 21 cannot buy a handgun. However, children are allowed to possess guns if they were a gift from a parent and they have written permission to own the weapon. Those who are in favor of the freedom to own guns say that it is a fundamental right, and that guns are necessary for their protection because criminals also have guns[4]. Police officers also carry guns. Approximately 1000 people per year were shot and killed by police officers between 2015 and 2019[5].

The UK has a different view of gun ownership. In 2018-2019, there were 9787 offenses in which a firearm was used and a total of 33 fatalities according to the Office for National Statistics[6]. Citizens do not have the right to own a gun and ownership is very strictly controlled. A person needs a very good reason to apply for a gun license and must have a license both for the gun and to buy ammunition.[5] The application goes through the local police and involves a thorough background check, home visit and an interview[7]. The police also do not usually use guns. Around 5% of all police officers are trained to use a firearm, and in 2018 there were 12 incidents in which an officer discharged a firearm[8]. In 2017/18, the number of people fatally shot by police officers was four, three of whom were carrying out a terrorist attack at the time.

Most guns owned by the public are shotguns or sporting rifles. Handgun ownership in the UK used to be legal, but in 1996, in Dunblane, 16 children and their teacher were killed in a mass shooting and as a result, laws were passed in 1997 that banned handgun ownership[8]. According to The Week,[8] in 1996 there were 80-90 gun homicides per year (0.14 per 100000 people). By 2012 this had dropped to 0.02/100000.

the US Constitution：合衆国憲法　　mass shooting：銃乱射事件
are still adamant：断固として譲らない　　convicted criminals：有罪判決を受けた犯罪者
in favor of the freedom to：…する自由に賛成する　　fundamental right：基本的な権利
offenses：犯罪　　firearm：短銃　　fatalities：死亡者　　buy ammunition：弾薬を買う
thorough background check：徹底的な背後の調査　　discharged：発射した
carrying out a terrorist attack：テロリストを攻撃する
banned handgun ownership：拳銃（ピストル）を所有する権利を禁止した
gun homicide：銃による殺人

a. Some people might need a gun.

b. Ordinary police officers do not carry guns.

c. 15381 people died from gunshot wounds in 2019.

d. In the U.K. there are strict laws about owning a gun.

e. Gun ownership should be legal except for certain cases.

f. There were 33 fatalities resulting from use of guns in 2018-19.

g. In the U.S. people have the right to own a gun according to the Constitution.

h. The freedom to exercise one's constitutional rights outweighs the possible dangers of allowing people to own guns.

i. People should not own a gun unless they have been proved to need it and are not a danger to society.

j. The possible dangers of allowing people to own guns outweigh the constraint to personal freedom of not being allowed to own a gun.

k. In some cases, for example, if the gun owner were a convicted criminal or suffered from mental health problems, the possible dangers of everyone owning a gun could increase.

In the US

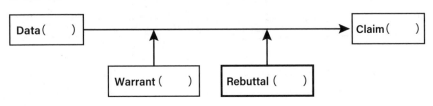

In the UK

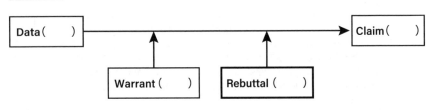

Warrant and Rebuttal

As you saw in the previous unit, warrants may be based on fact (or interpretation of fact). In these cases, the facts may seem to point to a logical conclusion. On the other hand, a warrant may also be based on a world view or value. If the warrant is based on moral, religious, ethical, or political values, these may affect logical argument. In either case, particularly the latter, it should be possible to rebut the warrant.

Read the following two arguments and, in each case, think of a possible rebuttal.

[Example of a fact-based warrant]

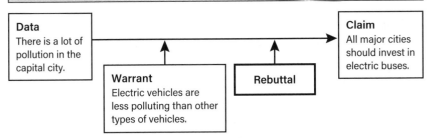

There is a lot of air pollution in the capital city. Electric vehicles are less polluting than other types of vehicle, so all major cities should invest in electric vehicles.

In this case, the warrant can be backed by statistical evidence showing that it is true. However, the rebuttal indicates conditions under which the warrant should be set aside. Therefore, questions such as *"Do the cities have enough money to invest in electric vehicles?"* should be considered.

[Example of a values-based warrant]

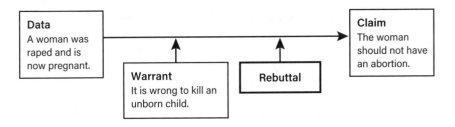

A woman was raped and is now pregnant. However, based on religious values, the law in her country states that it is wrong to kill an unborn child, so she should not have an abortion.

In this case, the warrant is based on values. However, conditions under which the warrant should be set aside may include possible consequences to the mother's health. Many countries that do not normally permit abortion, will allow it if the mother's life is at risk. Therefore, questions such as *"Is the mother's life taken into account?"* should be considered.

When evaluating or constructing an argument, particularly in decision-making process-es, the rebuttal is an important part of the process. Showing that a variety of perspectives and factors have been taken into account will help to persuade readers or listeners that your claim is acceptable.

Exercise 6.2

Read the examples of possible warrants (W) and claims (C) on a variety of policy issues. What is a possible rebuttal (R) for each? Write a sentence next to the R in each case. The first two have been completed.

1. W : Electric vehicles are less polluting than other types of vehicle.

   C : All major cities should invest in electric buses.

   R : What if a city cannot afford electric buses?

2. W : It is wrong to kill an unborn child.

   C : Abortion should be illegal.

   R : What if the mother's life is in danger if the pregnancy continues?

3. W : There should be quotas to make sure that an acceptable percentage of managers are women.

   C : We should hire at least one woman.

   R : _____

4. W : If more people get married, more couples will have children.

   C : The government should pay couples under 39 years of age 600,000 yen if they get married.

   R : _____

5. W : Cycling in a bicycle lane is less dangerous than cycling on roads with other vehicles.

   C : Our city's roads should have bicycle lanes.

   R : _____

6. W : Wearing face masks is necessary on aeroplanes during the Covid19 pandemic.

   C : Anyone not wearing a face mask must get off the plane.

   R : _____

Problems with Rebuttals

People rebut warrants in various ways and not always logically.
An example taken from a BBC article about Hong Kong[10] can be seen below:

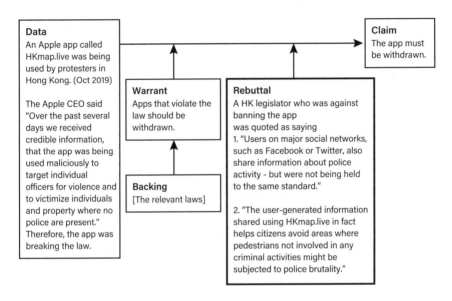

Data
An Apple app called Hkmap.live was being used by protesters in Hong Kong. (Oct 2019)

The Apple CEO said "Over the past several days we received credible information, that the app was being used maliciously to target individual officers for violence and to victimize individuals and property where no police are present." Therefore, the app was breaking the law.

Claim
The app must be withdrawn.

Warrant
Apps that violate the law should be withdrawn.

Backing
[The relevant laws]

Rebuttal
A HK legislator who was against banning the app
was quoted as saying
1. "Users on major social networks, such as Facebook or Twitter, also share information about police activity - but were not being held to the same standard."

2. "The user-generated information shared using HKmap.live in fact helps citizens avoid areas where pedestrians not involved in any criminal activities might be subjected to police brutality."

In this article, the legislator's rebuttal seems persuasive. However, it does not address the warrant that "Apps that violate the law should be withdrawn".

In the first rebuttal, the legislator implies that if other companies share information, then Apple should be able to do this as well. However, this point is not relevant to the question of whether the activity is legally right or wrong.

The second rebuttal also does not address the warrant. If the warrant were "The app should be withdrawn because its negative effects outweigh the positive effects", this rebuttal would be more relevant because it points out a benefit of the app. In this argument, however, the app's benefits are irrelevant.

Overall, although Apple's decision to withdraw the app appears to be logical, and the quoted rebuttal was not effective, the decision depended on the data being reliable and accurate. To rebut the argument as a whole, the reliability of the "credible information" received by Apple could be investigated.

[Irrelevant rebuttals]

As can be seen, rebuttals are sometimes irrelevant to the argument. Some rebuttals are generally irrelevant, while some are irrelevant personal criticisms of the speaker. There are other reasons why a rebuttal may be problematic, but these two are very common.

1) Example of an irrelevant rebuttal

<Data>

In Japan, people of mixed heritage are often called "half".

<Warrant>

This is discriminatory.

<Claim>

Therefore, people should not use that word.

<Rebuttal>

People have been using the word for a long time, so why change now?

2) Example of a personal rebuttal

<Data>

Creationism, or the idea that God created the world, is a Christian religious belief.

<Warrant>

In the USA, the Constitution does not allow the promotion of one religion over others.

<Claim>

Therefore, laws requiring schools to teach creationism should not be passed.

<Rebuttal>

You're only saying that because you're an atheist.

Why irrelevant?

1) The length of time the word has been used does not address the problem that the word is discriminatory.

2) Even if the speaker were an atheist, the point is not relevant to the warrant that promotion of one religion over others is not allowed by law.

Exercise 6.3

Read the following short conversations. Are the rebuttals logical and relevant?

1. Data : Japan killed 383 whales in 2020[10] despite international pressure to stop whaling.
   Warrant : Whaling is an important part of Japanese food culture,
   Claim : so whaling should continue.
   Rebuttal : *Most people in Japan never eat whale meat.*

2. Data : The majority of US bases in Japan are located in Okinawa, where lots of trouble occurs.
   Warrant : It would be good for Okinawa if the US bases were removed,
   Claim : so the bases should be located outside of Okinawa.
   Rebuttal : *You don't care about Okinawa's economy.*

3. Data : My boss bullied me.
   Warrant : Bullying in the workplace is illegal.
   Claim : so I should report my boss to the upper management.
   Rebuttal : *You're just not strong enough to stand up for yourself.*

4. Data : CCTV using AI is quite widespread.
   Warrant : CCTV using AI will invade people's privacy.
   Claim : so the government should not install CCTV in public places.
   Rebuttal : *No, I saw on TV that AI is absolutely safe and easy to use.*

Discussion

A) Pre-discussion

The following views (a – f) could be produced as warrants for the claims in the discussion session. To what extent do you agree with them? Mark the number in the frames.

Strongly disagree -1   Strongly agree -5

a) Older people like to keep busy and don't want to retire.

| 1 2 3 4 5 |

b) It is not necessary for productive workers to retire because of their age.

| 1 2 3 4 5 |

c) People can be forced to vote in general elections.

| 1 2 3 4 5 |

d) All adults have a moral obligation to vote in a general election.

| 1 2 3 4 5 |

e) Four-year university courses are not very intensive.

| 1 2 3 4 5 |

f) General education in subjects that are not related to your major is a waste of time.

| 1 2 3 4 5 |

B) Discussion

Discuss the following claims with your partners.
How could these claims be supported with data and warrants?
What rebuttals are possible?
Draw Toulmin models to illustrate your arguments.

Claim 1) Japan should change the retirement age to 70.
Claim 2) People should be fined if they don't vote in general elections.
Claim 3) University education in Japan should take three years, not four.

Notes on Unit 6

Exercise 6.1

In the US		In the UK	
Data	c, g	Data	b, d, f
Warrant	h	Warrant	j
Rebuttal	k	Rebuttal	a
Claim	e	Claim	i

Exercise 6.2

Sample answers

3. What if there are no suitable candidates who are female?
   What about the size of the quota? What is "acceptable"?
4. What if the couples don't want children?
   What if the couple gets married and then immediately gets divorced?
5. What if the bicycle lane is ignored by drivers?
   What if bicycle drivers ignore the traffic rules on the bicycle lanes?
6. What if the person has a medical condition that prevents him from wearing a face mask?
   What if the person is under one year old?

Exercise 6.3

1. This rebuttal is logical if the definition of "an important part of Japanese food culture" implies that many or most Japanese people eat that food.
2. This rebuttal is irrelevant. It is a personal attack.
3. This rebuttal is irrelevant to the point that bullying is illegal. It is also a personal attack.
4. This rebuttal is irrelevant, as the safety and ease of use of AI is not the issue.

Unit 6 References

1. Toulmin, S.E. 2003 *The Uses of Argument*. Updated edition. Cambridge University Press

2. Office for National Statistics https://www.ons.gov.uk/peoplepopulationandcommunity/culturalidentity/language Accessed Jan 4 2021

3. Silverstein, J. Jan 2 2020 *There were more mass shootings than days in 2019*. CBS News. gunviolencearchive.org https://www.cbsnews.com/news/mass-shootings-2019-more-than-days-365/

4. NRA-ILA 2004 *Citizen's Guide to Federal Firearm's Laws - Summary* https://www.nraila.org/articles/20040324/citizen-s-guide-to-federal-firearms-law/) Accessed Jan 4 2021

5. The Washington Post *Fatal Force* https://www.washingtonpost.com/graphics/investigations/police-shootings-database/ Accessed Jan 4 2021

6. Office for National Statistics Feb 13 2020 *Offences involving the use of firearms: year ending March* 2019.https://www.ons.gov.uk/peoplepopulationandcommunity/crimeandjustice/articles/offencesinvolvingtheuseoffirearms/yearendingmarch2019

7. The Week Mar 21 2020 *UK Gun laws: who can own a firearm?* https://www.theweek.co.uk/100333/uk-gun-laws-who-can-own-a-firearm

8. The Week Mar 15 2019 *What happened at Dunblane?* https://www.theweek.co.uk/100174/what-happened-at-dunblane

9. Lee, D. Oct 11 2019 *Few convinced by Apple's case for Hong Kong app removal.* https://www.bbc.com/news/technology-50009971

10. Drury, F. Jan 31 2021 *Japan whale hunting: 'By-catch' rule highlighted after minke death* https://www.bbc.com/news/world-asia-55714815

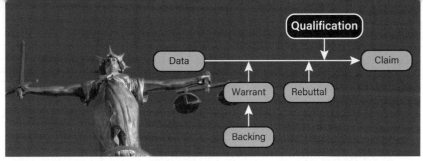

Source:Wikimedia Commons

Unit 7 Qualification   Crime and Punishment

Why do you need a qualification?

When making an argument, you should anticipate the rebuttals that you may receive. In order to make your claim more believable, and counter a possible rebuttal, you may need to qualify your claims. This means that you may need to use words such as "probably", "perhaps", "possibly" and so on to show that you are not completely certain that yours is the only possible conclusion, or that it is absolutely infallible.

For instance, if you can say that something is definitely the case, for example, "I was driving at 39 kilometers per hour so I was not speeding. I know because I checked my speedometer and the speed limit is 40kph." then a qualification is not needed. On the other hand, if you are not certain, you should say so. For example, "I am not sure what speed I was going, but *I'm pretty sure* it was below the speed limit." In this case, "*I'm pretty sure*" is the qualification.

An example of an argument related to a hacking incident can be seen in the diagram below.

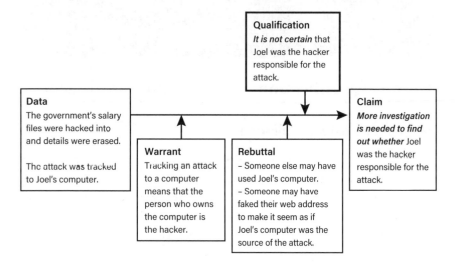

From the data, and the warrant, some people may claim that Joel is the hacker. However, the warrant can be rebutted as follows: "Someone else may have used Joel's computer" or "Someone may have faked their web address to make it seem as if Joel's computer was the source of the attack." These rebuttals will necessitate a qualification such as, "It is not certain that Joel was the hacker responsible for the attack." As a result, the claim finally becomes "More investigation is needed to find out whether Joel was the hacker responsible for the attack."

Identifying the writer's argument

A qualification is indispensable to make your claim more precise and believable. Read the following text which discusses the Japanese justice system. Notice that the text includes a number of qualifications.

Exercise 7.1
Read the following text and do the task that follows.

It has been said that "the Japanese way of justice is uncommonly just."[1] In Japan, when a person is suspected of committing a crime, he or she is taken into custody by the police. The police can keep the person in custody for up to 23 days before they must be arrested or set free[2]. After a person is detained by police, they are questioned, and a case is built against them by a prosecutor. The prosecutors can spend a great deal of time on each case[3], collecting evidence, and trying to obtain a confession. A confession is a valuable form of evidence for securing a conviction, and in more than 70% of cases, a confession is obtained before the case goes to trial. Once the prosecutor and police have collected enough evidence to indicate that a suspect is guilty, the suspect is indicted. However, only 37% of suspects are actually indicted[3], as prosecutors are unwilling to indict if there is a possibility that the suspect will not be convicted of the crime.

When it comes to trial, the conviction rate is more than 99%[3]. Some commentators claim that the trial is almost a formality, with a focus on the leniency or strictness of the sentencing rather than the judgement of the defendant's guilt or innocence[1]. The Japanese justice system is perceived to lean towards rehabilitation and reintegration rather than punishment[3]. However, there are also strict punishments for very serious offences, including the death penalty. Around 80% of the Japanese public support the death penalty, and if the Japanese system is as just as it seems to be, then one of the key arguments against the death penalty – that an innocent person may be convicted and wrongly executed - seems to be disproved.

However, is it possible that what prosecutors present as "the truth" could be wrong? The length of time that suspects can be detained should be considered. A suspect can be held for up to 23 days by police in Japan. In comparison, in the UK, for a crime such as murder, the limit is 96 hours[4]. In the US, the limit depends on the state, but, for example in California, a person must be charged within 48 hours of being arrested.[5] Because suspects in Japan can be held for so long, prosecutors and police may be able to obtain a confession by repeated and prolonged sessions of interrogation.

Moreover, unlike the UK and US, defense lawyers are not allowed to be present during questioning. According to the Japanese government's website[2], this is because having a defense lawyer present would "make it difficult to discover the truth". Moreover, audio or video recordings of interrogations were only introduced in 2019[6]. All this is not to say that prosecutors make many mistakes, merely that there is still a possibility of suspects being wrongfully accused and pressured into confessing. Therefore, capital punishment should be abolished.

Match each sentence with a component of the Toulmin model below.

a. The suspect confessed.

b. Prosecutors are neutral.

c. The justice system is fair.

d. Confessions may be forced.

e. Prosecutors may make mistakes.

f. The defendant received the death penalty.

g. If the suspect did not make a false confession.

h. If the prosecutors are always reliable and accurate.

i. A suspect was detained on a multiple murder charge.

j. A case was put together by a prosecutor and the police.

k. Prosecutors usually have enough time to devote to each case.

l. In this case, if the prosecutors were reliable and accurate and did not force the suspect to confess, it is unlikely that an innocent man was sentenced to death.

(N.B. This argument does not address other reasons for or against the death penalty).

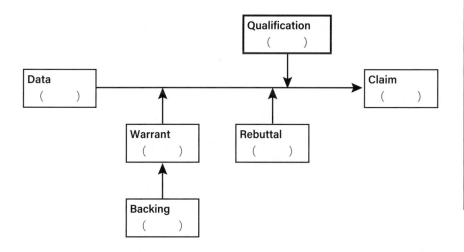

The claim has been qualified because the warrant and backing could be challenged, and the speaker is unwilling to commit to the idea that the justice system is always fair and that there is no possibility that prosecutors may be mistaken.

Qualifying language

When you are reading or listening to a person who is making a claim, it is useful to understand how certain that writer or speaker is about the claim.
In cases where the claim is not 100% certain, it needs to be qualified. In other words, language is added to indicate that the claim is not conclusive, or definite.

To make claims less certain there are a variety of language options that can function as qualifiers. Examples are shown below.

Qualifying Language	Example sentences
Verbs tend / seem / appear	Arsonists (fire-raisers) tend to return to the scene of the crime.
Modal verbs can / could / might / may	Criminal behaviour may be related to low scores in intelligence tests.
Modal adjectives possible / probable / (un)likely	It is likely that drunk driving figures will rise around Christmas and the new year.
Modal adverbs possibly / probably / likely	Possibly the most famous kidnapping in the US was that of Charles Lindbergh Jr.
Quantifiers some / most / the majority to some extent / in many cases	The majority of elderly shoplifters are women.
Adverbs of frequency often / usually / almost always	People who are released from prison often reoffend within two years of their release.
If clauses if this is the case / if X happened then...	If a person is attacked and defends herself, she should not be punished if the attacker is injured or killed.
Exception language unless / except / apart from	People who commit crimes should be severely punished, unless they were under 16 at the time of the crime.

Exercise 7.2

Look at the sentences below. Underline the qualification language (qualifier) that has been used in each case.

1. People who have been convicted of a minor crime tend to be punished with a fine.

2. "Jack the Ripper", the infamous serial killer, was most likely responsible for five murders in 1888 and possibly 7 others between 1888 and 1892[7].

3. If a driver hits a cyclist, the driver should be punished, except in cases when the cyclist is obviously at fault.

4. Anyone who commits manslaughter should be severely punished unless they were acting in self-defense.

5. Someone who is insane when they commit a crime probably shouldn't be put on trial.

6. In many cases, it is difficult to identify cases of domestic violence, as victims tend not to report them to the police.

Exercise 7.3

The following claims* related to the death penalty included various forms of qualification, which have been removed. In each gap, insert a suitable qualifier to make the claim more credible.

> *Cited from Amnesty International, the BBC and the American Civil Liberties Union websites

Example

> The prospect of execution is _____ to act as a deterrent to people prepared to kill and injure for the sake of a political or other ideology[8].

> Answer: unlikely

1. Executions, especially where they are painful, humiliating, and public, ___(a)___ create a sense of horror that would prevent others from being tempted to commit similar crimes... ...In our day execution is ___(b)___ administered in private by relatively painless means, such as injections of drugs, and to that extent it may be less effective as a deterrent[9].

2. Public opinion regarding the death penalty ___(c)___ changes depending on political leadership and how much objective information is provided to the public.[9]

3. ___(d)___ of those executed were ___(e)___ not capable of being deterred because of mental illness.[10]

4. The death penalty reinforces the belief that bad things happen to those who deserve it. This reinforces the contrary belief; that good things will happen to those who are 'good'. Oddly, this argument ____(f)____ to be backed up by Japanese public opinion. Those who are in favor currently comprise 81% of the population.[9]

5. If severe punishment can deter crime, then permanent imprisonment ____(g)____ be severe enough to deter any rational person from committing a violent crime.[10]

Exercise 7.4

Add qualifying language to the claims(a-d) so that they include the concepts provided by the questions in brackets.

Example

Recidivism, or the repeat crime rate, is falling.   (All age groups?)

Recidivism, or the repeat crime rate, is falling *in many age groups.*

a. Hanging is used to execute prisoners.   (All countries with the death penalty?)

b. Reintegrating offenders is better than punishing them harshly.   (Which offenders?)

c. People who are cruel to animals should be imprisoned.   (How cruel?)

d. If capital punishment is abolished in Japan, the serious crime rate will not increase.
                                        (This is true in some other countries)

Discussion

A) Pre-discussion

Write three claims reflecting your opinions or beliefs about crime and punishment. Add qualification language to the claims to show how certain you are, based on the strength of the evidence, reasons and knowledge available to you.

1. _____

_____

2. _____

_____

3. _____

_____

B) Discussion

What punishments might be suitable for the following crimes? Think about the possible circumstances surrounding the crime. Would they affect your opinion in any way?

1. A girl who is constantly nagged by her mother to study more and harder suddenly hits her mother with a frying pan.

2. A person who is driving along a busy road is replying to a message on his phone when he hits a dog. He drives off and leaves the dog almost dead at the side of the road.

3. Someone who grew up with alcoholic parents and has been poor all her life robs a convenience store.

4. A 17-year old child hacks into a company's bank account and steals 10 million yen to pay for his grandmother's cancer treatment.

5. A gang member kills a rival gang member for going out with his girlfriend.

Notes on Unit 7

Exercise 7. 1

Data	a, f, i, j
Warrant	c
Backing	b, k
Rebuttal	d, e
Qualification	g, h
Claim	l

Exercise 7.2

1. People who have been convicted of a minor crime <u>tend to</u> be punished with a fine.

2. "Jack the Ripper", the infamous serial killer, was <u>most likely</u> responsible for five murders in 1888 and <u>possibly</u> 7 others between 1888 and 1892.

3. If a driver hits a cyclist, the driver should be punished, <u>except in cases when the cyclist is obviously at fault</u>.

4. Anyone who commits manslaughter should be severely punished <u>unless they were acting in self-defense</u>.

5. Someone who is insane when they commit a crime <u>probably</u> shouldn't be put on trial.

6. <u>In many cases</u>, it is difficult to identify cases of domestic violence, as victims <u>tend</u> not to report them to the police.

Exercise 7.3

N.B. Other, similar qualifiers are also possible.
a) may
b) usually
c) often

d) Some

e) perhaps

f) seems

g) should

Exercise 7.4

Sample answers – Answers may vary.

a. <u>In many countries</u>, hanging is used to execute prisoners.

b. <u>For those offenders who are genuinely sorry</u>, reintegrating them is better than punishing them harshly.

c. People who are cruel to animals <u>to an extreme degree</u> should be imprisoned.

d. If capital punishment is abolished in Japan, as in some other countries, <u>it is possible</u> that the serious crime rate will not increase.

Unit 7 References

1. Anderson, K. Johnson, D. T. 2000 *The Japanese Way of Justice: An Up-close Look at Japan's Jack McCoy A Review of The Japanese Way of Justice: Prosecuting Crime in Japan,* by David T. Johnson 170 ASIA-PACIFIC LAW & POLICY JOURNAL; Vol. 4, Issue 1 (Winter 2003)

2. Ministry of Justice n.d. *Frequently Asked Questions on the Japanese Criminal Justice System.* http://www.moj.go.jp/EN/hisho/kouhou/20200120enQandA.html#Q143.

3. Kawai, M. Jun 3 2020 *Crime and Punishment in Japan: A Holistic Perspective.* Nippon.com https://www.nippon.com/en/in-depth/a06801/

4. GOV UK n.d. *Being arrested: your rights.* https://www.gov.uk/arrested-your-rights/how-long-you-can-be-held-in-custody

5. FindLaw Jun 3 2020 *How long can you be held without charge?* https://criminal.findlaw.com/criminal-rights/how-long-may-police-hold-suspects-before-charges-must-be-filed.html

6. Japan Federation of Bar Associations n.d. *The Japanese Judicial System.* https://www.nichibenren.or.jp/en/about/judicial_system/judicial_system.html

7. Britannica n.d. *Jack the Ripper.* https://www.britannica.com/biography/Jack-the-Ripper

8. Amnesty International. Mar 26 2014 *Five Death Penalty Myths Debunked* https://www.amnesty.org/en/latest/news/2014/03/five-death-penalty-myths-debunked/

9. BBC n.d. *Ethics Guide. Arguments in favour of capital punishment.* http://www.bbc.co.uk/ethics/capitalpunishment/for_1.shtml

10. The American Civil Liberties Union. 2012. *The case against the death penalty.* https://www.aclu.org/other/case-against-death-penalty

Photograph credits

Unit 2 Author's photograph

Unit 3 Image by <a href="https://pixabay.com/users/geralt-9301/?utm_source=link-attribution&utm_medium=referral&utm_campaign=image&utm_content=889351">Gerd Altmann</a> from <a href="https://pixabay.com/?utm_source=link-attribution&utm_medium=referral&utm_campaign=image&utm_content=889351">Pixabay</a
The image has been changed to black and white.

Unit 4 Image by unknown author

Unit 5 Author's photograph

Unit 6 This Wikipedia and Wikimedia Commons image is from the user Chris 73 and is freely available at //commons.wikimedia.org/wiki/File:Japanese_diet_outside.jpg under the creative commons cc-by-sa 3.0 license.
The image has been cropped and changed to black and white.

Unit 7 This Wikimedia image is an "airbrushed" version of Lonpicman's photo of the statue of Lady Justice on the Old Bailey .
https://commons.wikimedia.org/wiki/File:Statue_Of_%27Justice%27_Old_Bailey.jpg
https://commons.wikimedia.org/wiki/User:Lonpicman
The image has been cropped and changed to black and white.

《著者紹介》

椎名紀久子（しいな・きくこ）

千葉大学・名古屋外国語大学名誉教授。ボストン大学大学院修士課程修了（M. Ed）、千葉大学大学院自然科学研究科博士後期課程修了（博士（学術））。専門は英語教育。英語CALL教材の開発やCEFR-JのリスニングCAN-DOの作成と効果の検証に携わった。現在は、日本語と英語によるクリティカル・シンキング養成のための指導法開発と教材制作に取り組んでいる。主な著書にListen to Me!（共著 千葉大学）、『TOEICテストで高得点 チャンクで伸ばすリスニング』（角川SSコミュニケーションズ）、『英語到達度指標CEFR-J ガイドブック』（共著 大修館書店）、『続・英語教育の科学 三ラウンド・システムの理論と中高大での教育実践』（共著 学術研究出版）がある。

後藤希望（ごとう・のぞみ）

名古屋外国語大学准教授。英国ロンドン大学学士（社会学及びコミュニケーション学）、レスター大学修士（メディア学）修了。内容分析を専門にする傍ら、得た情報を批判的思考で検証・考察し、的確に情報発信する技法のコースを学内外で行っている。また、1989年から現在に至るまで、主にNHKの報道情報番組制作（オリンピック・パラリンピック等）に携わっている。著書に『学びの技法』（共著 名古屋外国語大学出版会）がある。

森川セーラ（もりかわ・せーら）

千葉大学大学院国際学術研究院准教授。英国University of Sheffield（BA, Japanese Studies）, Aston University大学院（MSc in TESOL）。英語教育（English for Academic Purposes and Current Affairs）を専門とする一方、大学の英語教育にクリティカル・シンキングを導入したカリキュラムの開発とその教材作成に取り組んでいる。主な著書に、Global Connections（共著 Cengage Publishing）、『IELTS完全対策＆トリプル模試』（共著 DHC）がある。

南塚信吾（みなみづか・しんご）

千葉大学・法政大学名誉教授。国際学修士（東京大学）、東京大学大学院社会学研究科博士課程単位取得退学。現在は一般社団法人やまなみ付属世界史研究所所長。主な著書に『神川松子・西川末三と測機舎』（編著 アルファベータブックス）、『世界史なんていらない?』（岩波ブックレット 岩波書店）、『「世界史」の世界史』（共編著 ミネルヴァ書房）、『「連動」する世界史』（岩波書店）、『歴史的に考えるとはどういうことか』（共編著 ミネルヴァ書房）、『国際関係史から世界史へ（MINERVA世界史叢書3）』（責任編集 ミネルヴァ書房）がある。

図解で学ぶクリティカル・シンキング

トゥールミン・モデルを活かして

発行日　　2022年10月4日 初版第1刷

著　者　　椎名紀久子
　　　　　後藤希望
　　　　　森川セーラ
　　　　　南塚信吾

発行人　　春日俊一
発行所　　株式会社アルファベータブックス
　　　　　〒102-0072 東京都千代田区飯田橋2-14-5 定谷ビル2階
　　　　　Tel 03-3239-1850　Fax 03-3239-1851
　　　　　website https://alphabetabooks.com
　　　　　e-mail alpha-beta@ab-books.co.jp
印刷・製本　中央精版印刷株式会社
用　紙　　株式会社鵬紙業
ブックデザイン　　春日友美

知られざる幕末の改革者 河井継之助

ISBN978-4-86598-100-1（22・06）

稲川 明雄 著

「改革者・継之助」に焦点を当て、その見事な藩政改革の中身を描く‼
河井継之助研究の第一人者、河井継之助記念館前館長、稲川明雄（2019年逝去）が描く、先進的な視野と抜群のリーダーシップで藩政改革を断行し、破綻しかかっていた長岡藩の財政を、たった三年で立て直すという偉業を成し遂げた不世出の改革者、越後長岡藩士・河井継之助の波乱の生涯‼　　　　　　　　　　　　　　　　　　　　　　四六判並製　定価1800円＋税

東宝空想特撮映画 轟く
1954-1984

ISBN978-4-86598-094-3（22・05）

小林 淳 著

1954年に劇場公開された『透明人間』から、1984年の『さよならジュピター』に至るまでの30年の間に登場した東宝空想特撮映画50本を採り上げ、各作品の特徴や位置づけ、映画音楽についても言及し、東宝空想特撮映画の道程をたどる特撮映画評論の決定版‼　戦後日本映画、大衆娯楽映画の歴史の一部を担ってきた東宝空想特撮映画の作り手たちの仕事に懸ける情熱、その映画に音楽を付す作曲家たちの取り組みなど、東宝空想特撮映画を形成した作品群を顧みることで日本映画史をふりかえる。　　A5判上製　定価3800円＋税

今だから！ 植木等
“東宝クレージー映画”と“クレージー・ソング”の黄金時代

ISBN978-4-86598-095-0（22・01）

高田 雅彦 著

今だからこそ見たい！ 聴きたい！ 植木等の映画と歌‼　映画、歌、発言、人間から多面的に解き明かす〈植木等の真実〉。貴重な東宝カラー・スチール、ご家族提供による秘蔵写真多数掲載。“最初の付き人兼運転手”小松政夫さんに聞く、植木等と過ごした三年十か月。クレージー世代の筆者が“東宝クレージー映画”の代表作と“クレージー・ソング”を語り尽くす！植木等研究本の決定版！　　　　　　　　　　　　　　　　　　　　　　A5判並製　定価3200円＋税

新版 名曲この一枚

ISBN978-4-86598-093-6（22・01）

西条 卓夫 著

戦前から1980年代まで「DISQUES」、「芸術新潮」、「ラジオ技術」でレコード評を執筆。レコードに対する感動をあけっぴろげな名文で綴り、多くのファンを魅了してきた「盤鬼」こと西条卓夫の名著『名曲この一枚』を新版として刊行！　ティボー、ランドフスカ、エネスコ、カペー……今なお色褪せない名演の数々の魅力を情熱的に語り尽くす。今回新たに「藝術新潮」に掲載された随筆11本を収録。現在の読者に向けて対応ＣＤ一覧付。　　四六判並製　定価2500円＋税